目次

第1章 コロナ禍で変わったマンション市況と最新トレンド

章 新築vs中古 マンションの購入・売却時に得するのはどっち？

第3章 失敗しない中古マンションの選び方

第4章 中古マンションの買い方

第5章 中古マンション購入に必要なお金

第6章 リフォーム・リノベーションのメリットとデメリット

第7章 賢いマンション売却のイロハ

本書の読み方・使い方

本書をよりスムーズに活用いただくため「何を知りたいですか」から、
テーマを見つけて大まかな内容を確認してください。あとは、お探しのページを開くだけ。

本書のページ	何が知りたいですか	こんなことがわかります
6-20P	中古マンションの現状	アフターコロナでライフスタイルはどう変わったのか、新築・中古のマンション市況及びストック戸数、住宅ローン金利の動向等についてまずはチェックしましょう。
22-25P	中古マンション購入のメリット	中古マンションなら割安で買えるほか、相対的に供給戸数が多いことや、実際の部屋を見て買える選びやすさなどのおトク感について解説します。
26-27P	資産価値を高める方法	新築マンションなら高く売れる「新築プレミアム」は低下傾向に。中古でもリフォーム・リノベで価値を高められます。さらに築年数が経過するほど類似物件との差別化が重要になります。
28-31P	課題発掘と売却時期の探り方	中古マンションには住人の生活状況が事前にわかるメリットがあります。ペット問題の実情や修繕費の積立金不足も事前にチェックが必要です。また購入時から売却時期を考えておくことも重要です。
34-39P	中古マンションの魅力と選択基準	中古マンションならではの５つの魅力及び、部屋の向き、広さ、間取り、階数、共用施設、規模など、検討する際のポイントをしっかり押さえましょう。
40-45P	安全・安心・快適を得るトラブルの見極め方	トラブルが発生しているマンションでは安全・安心・快適に暮らせない。マンショントラブルにはどのようなものがあり、内在するトラブルを見抜くには何を確認すればいいのか。そのチェックポイントを具体的に解説します。
46-48P	管理組合の良し悪しの見分け方	管理組合の概要から管理会社との関係、さらには運営がうまくいっているかどうかの見分け方まで、具体的な事例を挙げて解説します。
50-53P	中古マンションの購入までの準備	購入準備は資金計画、物件を見る時はできるだけ隅々まで確認、情報収集では複数のポータルサイトを比較するなど具体的に解説します。
54-63P	物件選びから契約までの留意点	よい物件選びはよい営業を選ぶ、物件案内時に売主と直接、価格や条件交渉をしない、住宅ローンを組む場合は購入後すぐに申し込むなどを解説します。
66-76P	購入費用、住宅ローン、維持費用の検討	売買価格以外にどのような費用がかかるのか、住宅ローンを組む時の金利、購入した後の維持管理などを解説します。
78-81P	リフォーム済みと前物件の注意点	リフォーム済とリフォーム会社を選んで自分でリフォームする場合のメリット・デメリットをコスト面などから比較します。また売却を視野にリフォームする場合の注意点についても解説します。
82-83P	リフォームの考え方と支出ポイント	リフォーム費用に過大な借入れは禁物で、住宅ローンとセットで考えます。どこにお金をかけるかが重要になり、特に光熱費低減にも役立つ省エネ性能強化がポイントです。
84-90P	役立つ不動産会社とリフォーム会社の探し方	リフォームを相談できる不動産会社とリフォーム会社の具体的な探し方・選び方を紹介します。合わせて探し方がうまくいかなかった典型的なケースについても検証します。
92-95P	高く売るための購入時の注意点	修繕費積立金の水準、省エネなどの環境性能、駅までの距離などもチェックが必要です。また不動産会社の見極めに必要な、売却に特化したノウハウの有無など7ポイントを解説します。
96-99P	売却に必要な各種の基本ノウハウ	査定金額は業者がつける金額であるため、市場動向を見ながら価格を下げる柔軟性が必要です。またリフォームで価値を高めておくほか、ホームステイジング等での演出も必要になります。
100-103P	売却以外の処分方法と失敗事例	①賃貸に出す、②リバースモーゲージを活用する、③親がリフォームして相続させるなどの方法を提案します。また典型的なマンション売却の失敗事例を解説します。

第1章

コロナ禍で変わった マンション市況と最新トレンド

マンション価格の高騰が止まらない。なぜ？一体誰が購入しているのか。その動向を探る。住宅ローン金利は長期的に見て上がるとされるが、そもそも金利が1%違うと総返済額はどれだけ変わるのだろうか。コロナ禍で変わった住まいの価値観やストック戸数など、知っておきたい最新トレンドと基本情報も押さえておこう。

コロナ禍で変わった住まいに対する価値観

図表**1**　テレワーク実施率

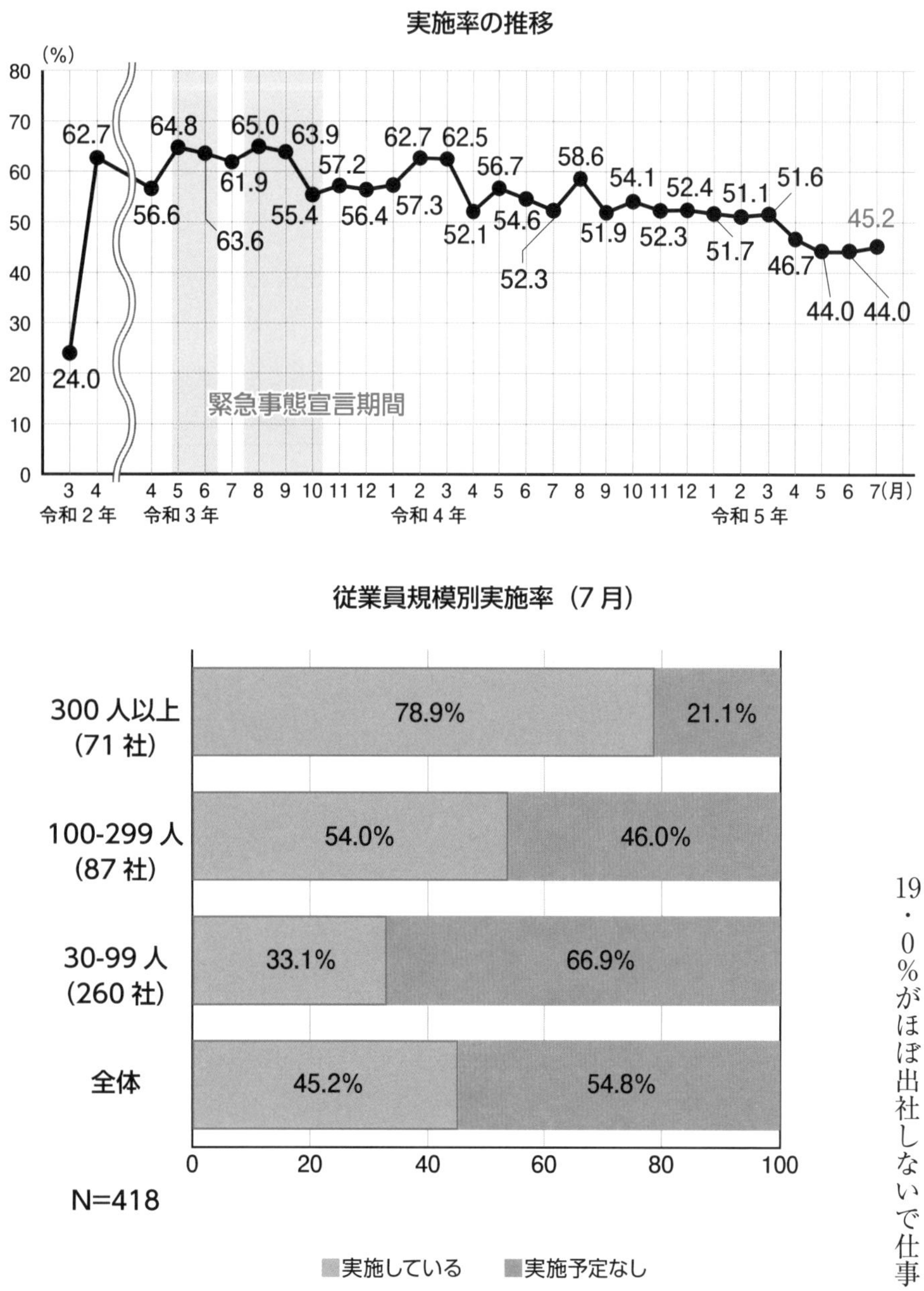

テレワークが住まいの価値観を変える

新型コロナウイルスの流行から3年が過ぎ、ようやく日常生活に戻りつつある。しかし、コロナ禍を経て生活における価値観や様式は様変わりした。「住まいに対する価値観」もその一つだが、これはテレワークの普及による影響が大きいとされる。

実際テレワークがどれくらい実施されているのか見ていこう（**図表1**）。東京都産業労働局が公表する「テレワーク実施率」を見ると、全体で45・2％と半数近くの企業が実施している。さらに「従業員規模別実施率」をみると、最も多く実施しているのが３００人以上の78・9％、次いで１００〜２９９人の54・0％と、おおよそ規模別の実施率になっていることが見て取れる。

また、テレワークの実施回数を見ると、最も多いのが週1日の37・1％で、2番目が週2日の21・5％となっている。注目すべきは3番目の週5日で、なんと19・0％がほぼ出社しないで仕事

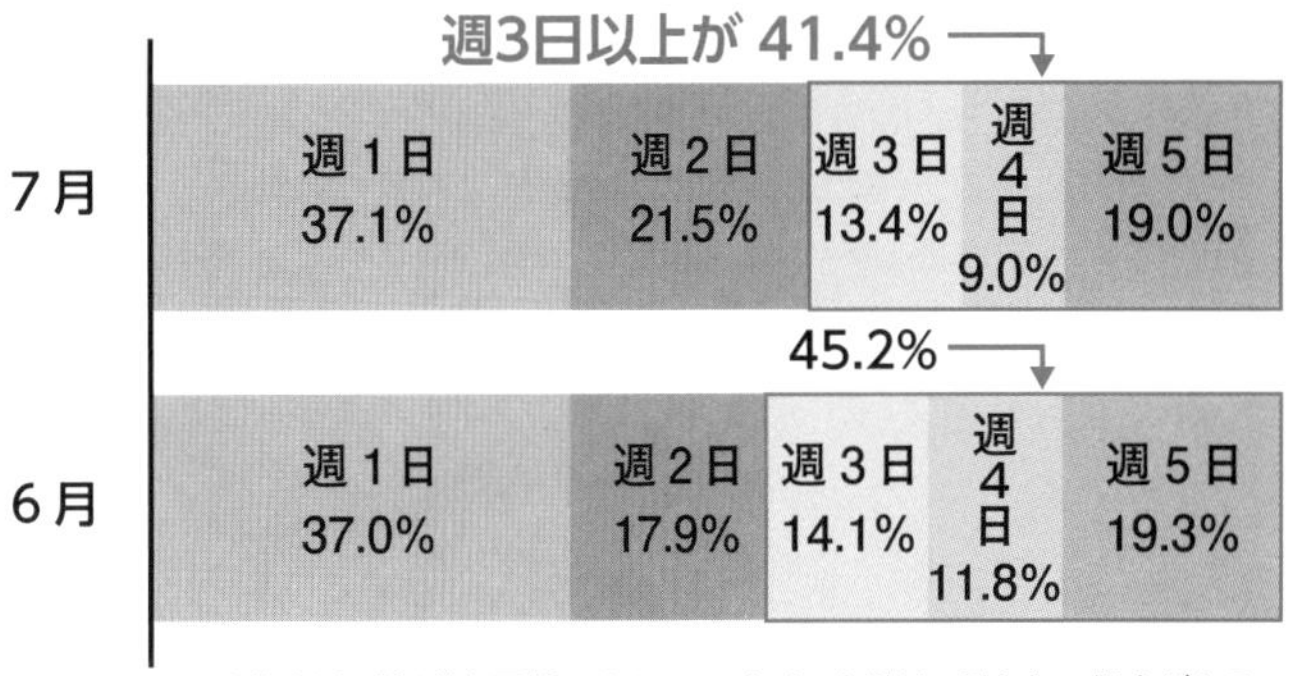

※小数点以下第2位を四捨五入しているため、合計は一致しない場合がある。

出典：テレワーク実施率調査結果（東京都産業労働局）2023年8月14日

をしている。いずれにしても週3日以上が41・4%を占める状況に鑑みれば、オフィス以外の場所で働くことになった人たちにとって、スペースの確保は喫緊の課題といえる。

　テレワークの導入は、企業にとってもメリットがある。たとえば、テレワークを契機にオフィスに固定の席を設置しないフリーアドレスを導入するケースが増えている。オフィスの省スペース化を図ることが、賃料や電気代等の費用削減につながるからだ。

　もちろん、すべての職種でテレワークが可能かと言えば、マンパワーを必要とする介護現場や対面での説明が原則の営業などは難しい。しかし、今後コロナ禍を契機に定着しつつあるテレワークという勤務形態が消滅し、元の勤務形態に完全に戻る可能性はほとんどないと考えてよいだろう。

マンションは住まいであり働く場所へ

　実際、テレワークをどこの場所で行っている人が多いのだろうか。最近増えているシェアオフィスや喫茶店などで行う人も少なからずいるようだが、多くの人が自宅で行っていると推測される。ということは、これまで住むための場所であった自宅が、コロナ禍によって「住居かつ働く場所」へと変化したことを意味する。つまり、今後の住まい選びは、その点も考慮する必要があるということだ。

　たとえば、Ｚｏｏｍなどのオンライン会議で使用する空間を確保したり、ペットや家族に邪魔されずに仕事ができる環境を整備しなければならない。当然、それにはこれまで以上に広い部屋を探す必要があるが、昨今の地価や資材高騰、人手不足によりマンション価格は高騰している。したがって、なかなか意に沿った物件を見つけることができない、というのが現状である。

図表2　共用施設の具体例

コワーキングスペース	カフェのような雰囲気のなか、自由なスタイルで仕事ができる
カンファレンスルーム	人数にあわせてテーブルのレイアウトを変更できる
スタディスペース	複合機や電話ブース、Wi-Fiなどが設置されており、仕事のみならず子どもとも勉強できる
会議室スペース	来訪者を部屋にあげることなく打ち合わせができる
防音室（個室）	音を気にせずオンライン会議ができる
コインランドリールーム	建物内にコインランドリーが併設されている

　そこで多くの人が新築ではなく中古マンションを選んだり、特急や急行が停まる駅から「駅ズラシ」をした物件を選んでいる。また、駅から遠い「駅遠」だが生活利便施設などが充実しているエリアを選んだり、なかには通勤可能圏内の郊外、趣味や実益も兼ねた地方都市を選ぶ人も増えてきている。

　一方、供給側でもマンションの共用施設をテレワーク対応にするなど、さながらレンタルオフィスのような機能を持つ新築マンションを提供する動きが出てきている（**図表2**）。「マンションの館内にいながら、生活空間とは別の場所で存分に仕事ができる」というわけだ。

　ただし、「まだ導入されて間もない施設のため運用が上手くいっていない」、あるいは「管理費等が高すぎる」といったトラブルも発生しているため、十分注意する必要がありそうだ。

「スモールリフォーム」でテレワークに備える

　コロナ禍以降、自宅で仕事ができるよう押し入れなどの収納をリフォームすることでテレワークスペースを確保したり、収納棚などを充実させることでワークスペースを確保するスモールリフォームが増えている。以下、3つの事例を紹介しよう。

事例1 落ち着いて仕事ができる個室空間が欲しい

納戸スペースを活用して、造作家具の設置やクロスの張り替えなどを行う。濃い目の木目調で統一し、クロスも正面奥をダークグレーにするなどしてデザイン性にもこだわっている。狭小空間でも圧迫感なく居心地の良さが演出されており、ドラえもんさながら収納で快適にテレワークをすることができる。

事例2 書類やパソコン機材などを収納するスペースが欲しい

リビングにあったクローゼットを取り壊し、格子状のパーテーションを設置。そこにデスク用天板を組み合わせるとともに、ディスプレイ品が引き立つ階段型オープンシェルフを造作することで空間を無駄なく利用している。収納力に限界がある既製品の家具ではなく、ウォールラックやオープンシェルフを造作することによって、収納力と落ち着いた半個室の空間を演出している。

図表3

テレワーク用の スモールリフォームのイメージ

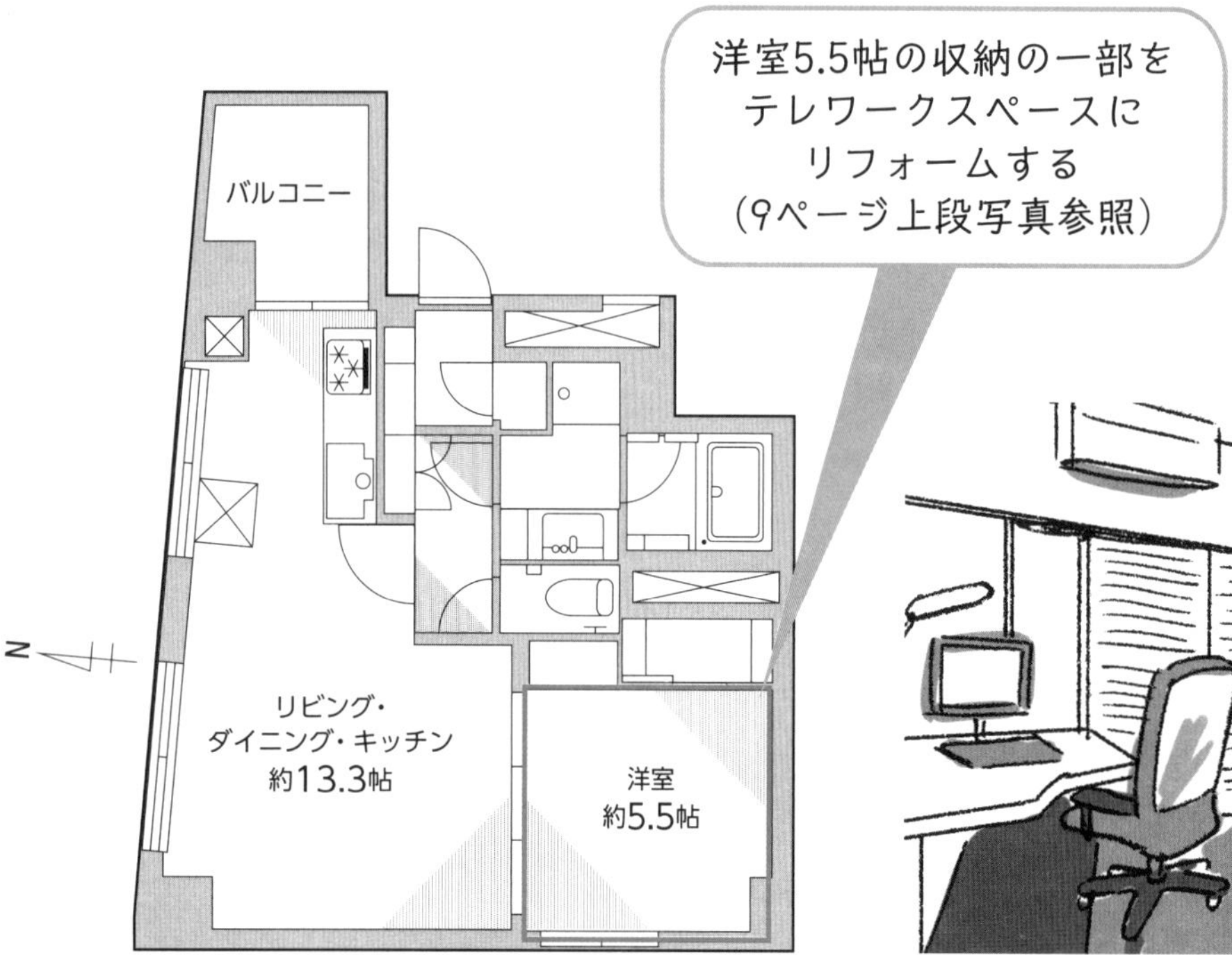

事例3

オンライン会議に映える背景にしたい

テレワーク専用の部屋を設けることができない場合、パーテーションなどの間仕切りで空間をつくるのがおすすめ。アクリルパーテーションなどの透明素材を用いることで、圧迫感のない部屋にすることができる。また、オンライン会議など、カメラに映る背景が気になる場合は、デスクの配置を変えるだけで部屋の印象をガラリと変えることができる。完全に遮断されたワークスペースとはならないため、仕事に集中しつつ家族を身近に感じられるというメリットもある。

感染症対策として洗面台やコインランドリー

感染症対策としては、玄関前に簡易の洗面台を設けたり、玄関を土間のようにして直接洗面所へ行けるようにリフォームする。また、コートなど室内に持ち込みたくないものを土間に置き、その場で手洗いができる間取りも人気だ。

コインランドリー施設があるマンションも再注目されている。今までマンション内にコインランドリーがある物件といえば、室内やバルコニーに洗濯機置場がないため共用部分に設置する、あるいは1階などのスペースにコインランドリー業者が賃借しているというパターンが主流だったが、近年は「クリーニングに出さなくても毛布や布団などが洗える」「旅行に行った際の洗濯物を部屋に持ち込まず洗濯できるので感染症予防になる」などの理由から需要が高まっている。景観や落下防止の観点からバルコニーなどに布団や洗濯物を干すことを禁止しているマンションも少なくないので、コロナ禍によって需要と供給が一致した形といえよう。

コロナ禍を経て変わった住まいの価値観

コロナ禍前までは、テレワークと言えば「介護や子育てなど通勤が難しい人たちの補助的な働き方」というイメージが一般的であった。しかし、いざコロナ禍に直面しテレワークが進んだことで、働き手は通勤時間の短縮、家族との時間が増えるといったメリットがあることに気付くこととなった。

一方、企業側にとってもさほど業務への支障がないこと。むしろ交通費などの費用削減につながることが明らかになり、抵抗感は確実に薄れている。

このようにテレワークは働き手と企業の双方にメリットがあることから、今後も継続すると考えるのが妥当であろう。とすると、今後は**図表4**のようなアイテムやスポットがトレンドになるのではないだろうか。

図表4

アフターコロナの人気アイテム・スポット

- テレワーク需要を受けて書斎やWEB会議で使える、DENや納戸、サービスルームなどの「小部屋が大人気」に！ただし、DENには窓などがなく、換気や採光面でデメリットがあることに注意が必要！
- ウォークインクローゼットのスペースを活用して「ワークインクローゼット」（造語）を設置するのがトレンドに！図面だと3LDK＋2WIC＋SIC（シューズインクローゼット）などと表記される。
- スモールリフォームも人気！
- 「共用施設でも働ける」のがポイント。働き方が変わり、マンション内を出ずに共用施設で自由なスタイルで働くことができる！
- テレワークスペースを求めて「築古」「駅ズラシ」「駅遠」「郊外」などが人気！

新築・中古マンションの動向

新築・中古の違いって何？

新しく建てられた、あるいは未入居物件はすべて新築かというと、そうとは限らない。新築と呼べるのは、法律で規定する一定の条件を満たした物件だけである。

具体的には、竣工してから1年未満かつ未入居物件を新築マンションという。つまり、竣工後1年以内でも、一度誰かが入居した物件は新築ではなく、中古マンションとなる。

ただし、1年以上経った未入居物件については、不動産業界と一部の金融機関で、定義にバラツキが見られる。前者が竣工後1年以上を中古と定義しているのに対し、後者は2年以上（住宅ローン上の線引き）としている点だ。

ほかにも販売不振や営業政策上などの理由で、当初の売主から別の不動産会社などが買い取って再販する「再販物件」や、最終期に売れ残ったものを販売する「クリアランス物件」と呼ばれる新古マンションもある。

新築マンションの動向

今年（2023）3月に首都圏で発売された新築マンション1戸あたりの平均価格は1億4360万円と初めて1億円を超えた。不動産経済研究所によると、平均価格が1億円を超えたのは統計を取り始めた1973年以来初めてだという。

なぜここまでマンションの価格は上がってしまったのか。もはや新築マンションは「高嶺の花」なのか。以下、高騰の理由を見ていこう。

図表1　マンション価格の推移

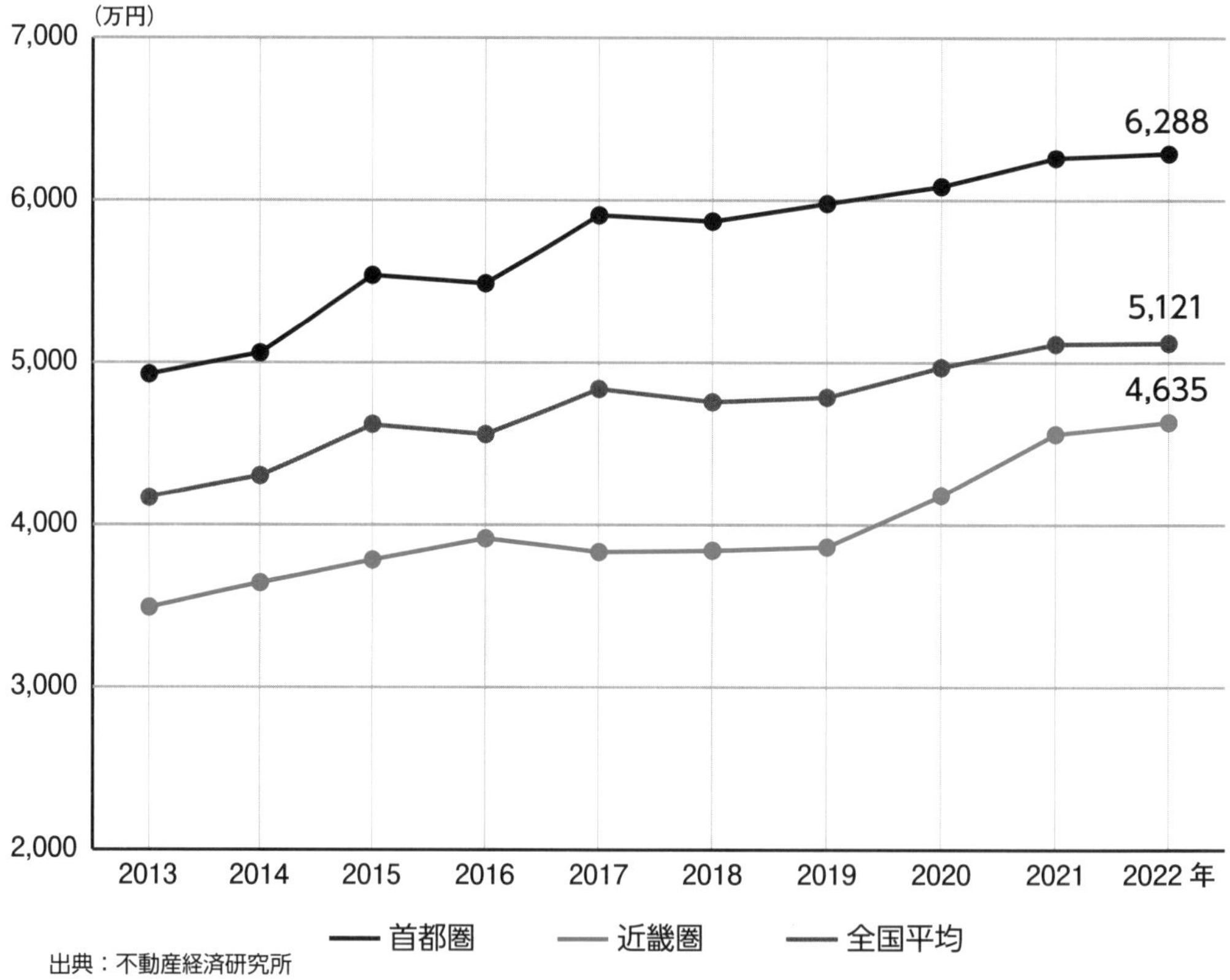

出典：不動産経済研究所

価格は2013年から右肩上がり

いつから上昇しているかというと、2013年からである。不動産経済研究所によると、新築マンションの全国平均価格は、2012年の3824万円から2022年には5121万円と、わずか10年の間に33・92％上昇している。まさにバブル期並みである。特に首都圏においては、2022年の平均価格がバブル期の6123万円（1990年）を上回る6288万円と過去最高値を更新している（**図表1**）。

一方、平均年収はというと、2012年の408万円から2021年には443万円まで増加している（**図表2**）。それでも上昇率にすると8・58％の上昇に過ぎないので、この約10年に限定すると、年収の上昇率以上にマンション価格は上昇したことになる。

図表2 平均年収の推移

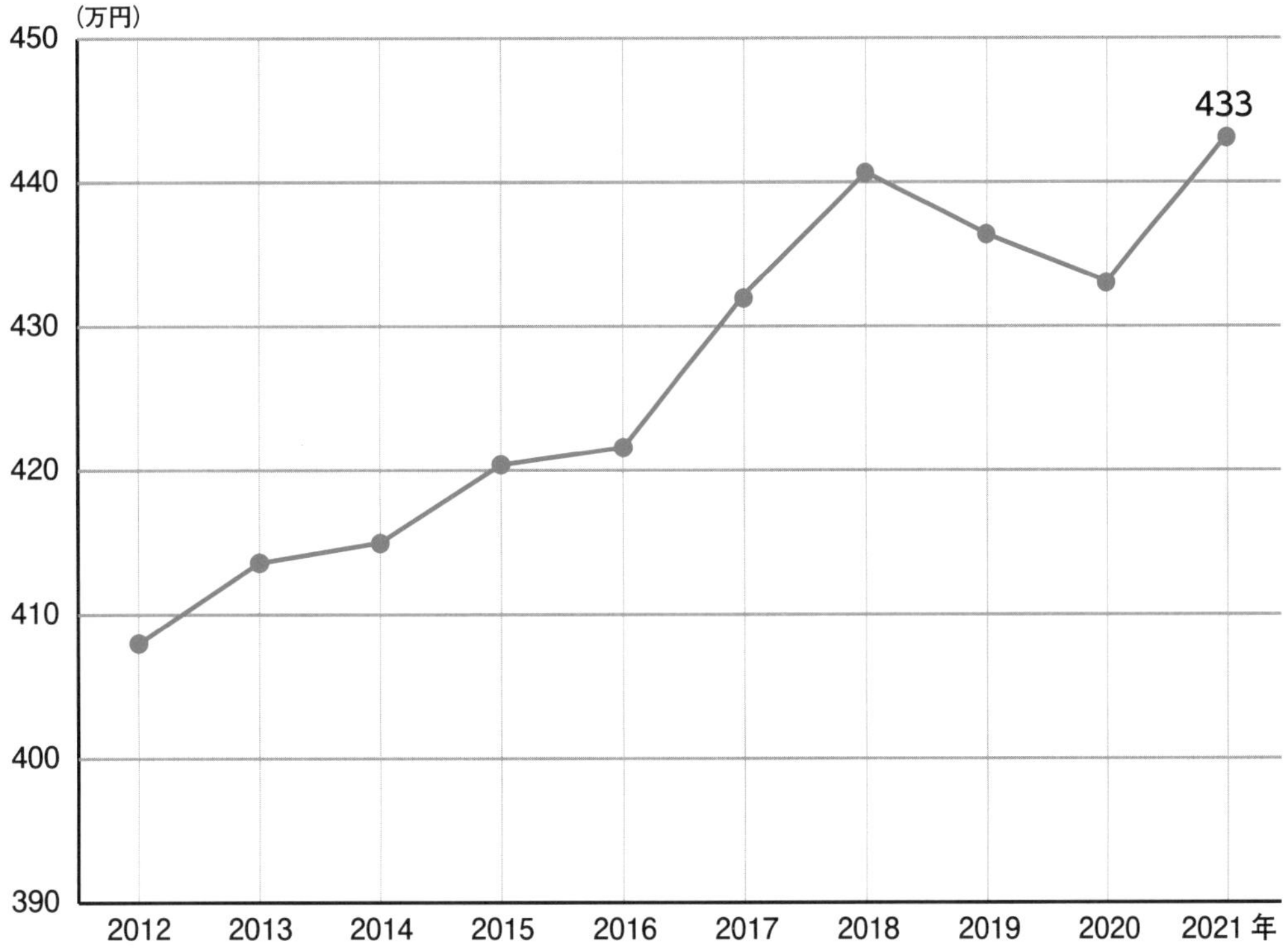

出典：国税庁「民間給与実態統計調査」

この差異が生じた要因には、①アベノミクスに端を発する日銀による異次元の金融緩和策の実施、②東京オリンピック・パラリンピックの開催決定による建設需要の高まり、③その一方で建設業界が人手不足に陥ったことによる人件費増加、④円安や地政学的リスクの高まりによる建築資材・燃料費などの値上がり、さらには⑤インバウンドの増加により、商業施設との間で用地取得の競合が激化したことも地価上昇に拍車をかけた。

その他、社会・生活様式の変化も要因の1つだ。たとえば、⑥マンションを「終の棲家」と考える世帯や超パワーカップルと呼ばれる共働き世帯の増加、⑦バブル期とは比較にならない低金利による住宅ローン返済の負担減、⑧売り急がないデベロッパーの姿勢なども地価上昇を後押しした。

こうした様々な要因が重なったことにより、近年マンション価格は上昇し続けている。なお、2020年の年初から顕在化した新型コロナウイルス感染症の拡大により、一時期調整局面を迎える場面もあったが、暴落することなく今も高止まり状態が続いている。

しかし、これだけ高くなってしまうと「いったい誰が買っているのか」が気になるだろう。そこで、特に価格が高騰している都内の新築マンションの購入者を4つのタイプに大別して詳しく見てみよう。

都内の新築マンションの購入層

❶ 国内外の投資家

まずあげられるのが、転売業者を含めた国内外の投資家である。たとえばタワーマンションなどの販売成績を見ると、結構まとめて業者が買っているが、これは明らかに転売目的である。転売規制のない物件を業者がまとめて購入し、何年後かに転売するというスキームのビジネスだ。最近だと、東京オリンピック・パラリンピックの選手村跡地の『晴海フラッグ』が、ここにきて次々と転売され話題になった。

東京の不動産は、世界の主要都市と比較してまだ割安感ある。しかも魅力的な街なので、購入時より価格が高騰する可能性が高い。つまり、売却益が期待できるので、海外からも熱い視線が注がれている。

② 地方の富裕層

次に地方の富裕層である。たとえば、東京に資産（プロパティ）が欲しいと思ったとき、東京中心地のマンションは相当高くなっている。そこで東京都中央区のアドレスでありながら、相場より安価で、ある程度まとまった物件が手に入る『晴海フラッグ』に関心を寄せているわけだ。

③ 高齢者の相続対策

今、高齢者の富裕層がものすごい勢いで増えている。そうした高齢者が投資目的とは別に、相続対策として都心部のタワーマンションを盛んに購入している。昔は、アパート購入が相続対策の王道だったが、今はタワーマンションの時価と評価額の差額を利用した「タワマン節税」が主流だ。

10年ほど前に一世を風靡したが、「いきすぎた節税」との批判を受け、高層階ほど固定資産税率が上がるよう税制が改正された。ただ、それでも節税効果はそれなりにあるため、高齢の富裕層が節税目的で買っている。都内の高層マンションに限れば、かなり大きな顧客層といえる。ただし、それも今のうちで、2024年1月をめどに更なるルール改正が予定されている。

④ 超パワーカップル

4つ目が、いわゆる実需層だ。都心部の新築マンションを買える層というのは、俗に言う「パワーカップル」である。ただし、これまでにない高騰により、今は世帯年収1000万円程度のパワーカップルでは買えないレベルになっている。世帯年収で1500万円とか2000万円、たとえば夫婦ともに上場企業に勤める超パワーカップルが中心だ。

図表3　不動産価格指数（住宅）（令和5年1月分・季節調整値）

※ 2010 年平均＝ 100

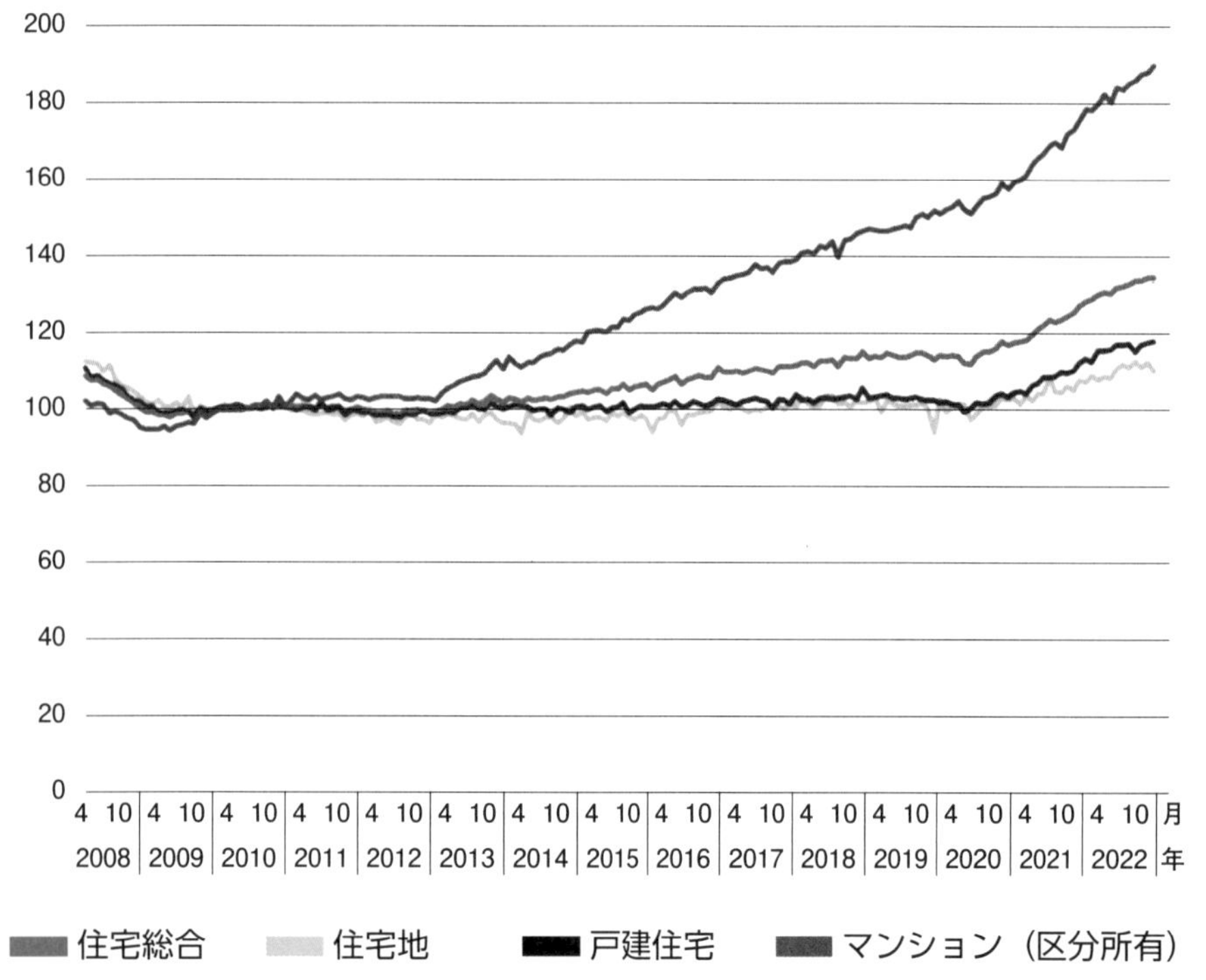

出典：国土交通省

まもなく不動産は大暴落する？

アベノミクス以来、右肩上がりの不動産価格。特にマンション価格の高騰はすざましいが、まもなく大暴落する可能性はあるのだろうか。以下、新築・中古マンションの状況について、個々に詳しく見てみよう。

これまで不動産価格は、15年前後の一定周期で変動を繰り返してきた。であれば周期的にそろそろ変動する可能性が高いということで、「大暴落があるのではないか」と予想する専門家もいる。しかし、それは一部の意見に過ぎず、「エリア格差は出るかもしれないが、少なくとも数年程度はマンション価格の高値は続くだろう」というのが多くの専門家の共通見解である。

まず新築物件だが、これから売りに出されるマンションは、現在の高値で仕入れた土地や建築資材で造るため当然販売価格は高くならざるを得ない。したがって、落ち着くのは早くても数年先になると予想される。

一方、既存（中古）マンションも、新築マンションの価格に引っ張られる傾向があるので、一定期間はこのまま高値が続くと見るのが妥当だ。

中古マンションの動向

2022年の「新築マンションの供給戸数」と「中古マンションの成約件数」を比較すると、新築の供給戸数29，569戸に対して、中古の成約戸数は35，429戸となっている。つまり、今は新築ではなく中古マンションの方が売れているということだ。

図表４

首都圏（1都3県）の新築マンション供給戸数と中古マンション成約件数の推移

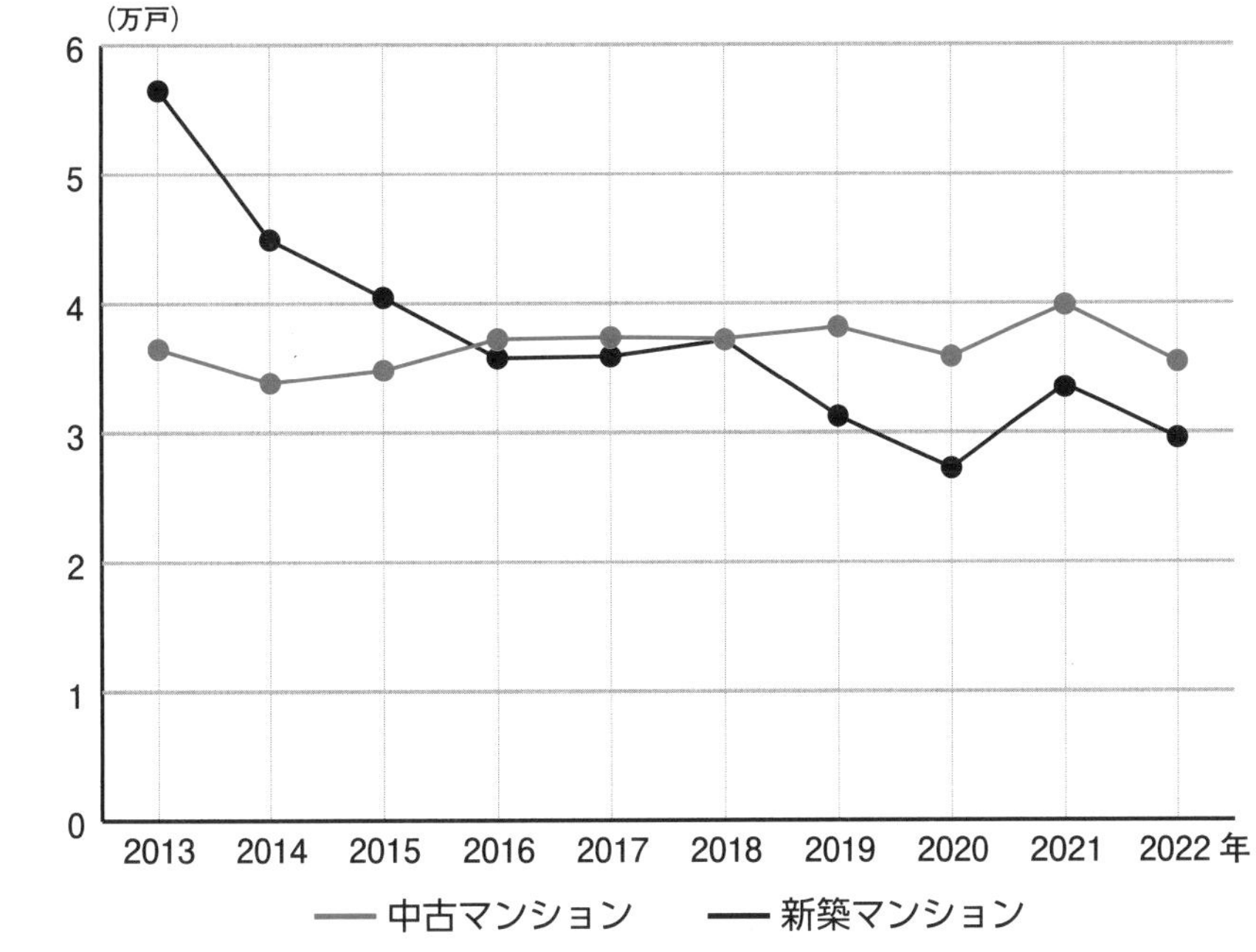

出典：不動産経済研究所、東日本不動産流通機構

2016年は「中古マンション元年」

統計上はじめて中古マンションの成約件数が、新築の供給戸数を抜き去るという「逆転現象」が起きたのは2016年。それから既に7年以上経つが、相変わらず逆転現象が続いている（**図表４**）。

長い間、日本では「新築神話」が根強く残っていた。しかし、あまりにも新築マンションの価格が上がってしまったため、新築より割安感のある中古に注目が集まり始めたということだろう。「分譲マンションを買う」といったら、今は新築ではなく「中古を買う人が増えた」という意味で、2016年は「中古マンション元年」と言っても過言ではない。

新築から中古へ

なぜ中古マンションが売れているのだろうか？理由は、前述の通り①新築マンションの価格が高騰し過ぎて、手が届きにくくなっていること、②そもそも新築マンションの供給戸数が減っていること、③購入者の中古に対する価値観の変化が大きいとされる。

特に③については、マンションに限らずメルカリやヤフーオークションなどの影響により、中古に対する価値観が変化したためだろう。むしろ安く中古マンションを購入し、自分好みにリノベーションする人が増えている。

そういう意味では、「情報社会において賢く住まいを選んでいる消費者が増えている」といえよう。

一方、前項で説明した通り、新築マンションは東京オリンピック・パラリンピックなどに起因する土地価格や建築資材、人件費の上昇により販売価格が高騰している。もはや一般の消費者（購入者）には手の届かない状況にあるといっても過言ではない。まさに新築が高嶺の花となったことで、「中古マンション」が注目されるようになったというわけだ。

なお、「新築マンション」と「中古マンション」の違いについては、たとえば竣工後1年未満でも、一度入居していれば、それは「中古」にカウントされる。つまり、新築マンションとなんら変わりなくても「中古マンション」になる。このように中古といっても、築浅、築10年、20年、30年、40年、50年以上の築古とさまざまである。

「マンションは管理を買え」といわれて久しいが、中古マンションこそ管理状況のよいマンションを選ぶことが最も重要なポイントとなる。その具体的なポイントについては、第3章で詳しく解説する。

マンションのストック戸数

「マンション」といっても、大規模や小規模、新築や築浅から築10年、30年、50年以上の築古などさまざまある。そもそも日本全体に分譲マンションはどれくらいあり、そこに何人ぐらいが住んでいるのだろうか。それぞれ詳しく見ていこう。

国民の8人に1人が分譲マンション住まい

国土交通省が公表している「分譲マンションストック数の推移」によると、いわゆる部屋の総数は約694・3万戸とされる（**図表1**）。これに令和2年国勢調査による1世帯当たり平均人員2・21をかけると、約1534万人となる。つまり、いまや国民のおおよそ8人に1人が、分譲マンションに住んでいることになる。

全国に何棟ある？1棟あたりの平均戸数は？

このように国民の住まいとして定着したマンションだが、1棟あたりの平均戸数はどれくらいなのだろうか。そもそも全国には何棟ぐらいあるのだろうか。

マンション管理業協会が公表する「令和4年マンション管理受託動向調査結果」によると、1棟あ

図表1　分譲マンションのストック戸数（2022年末時点）

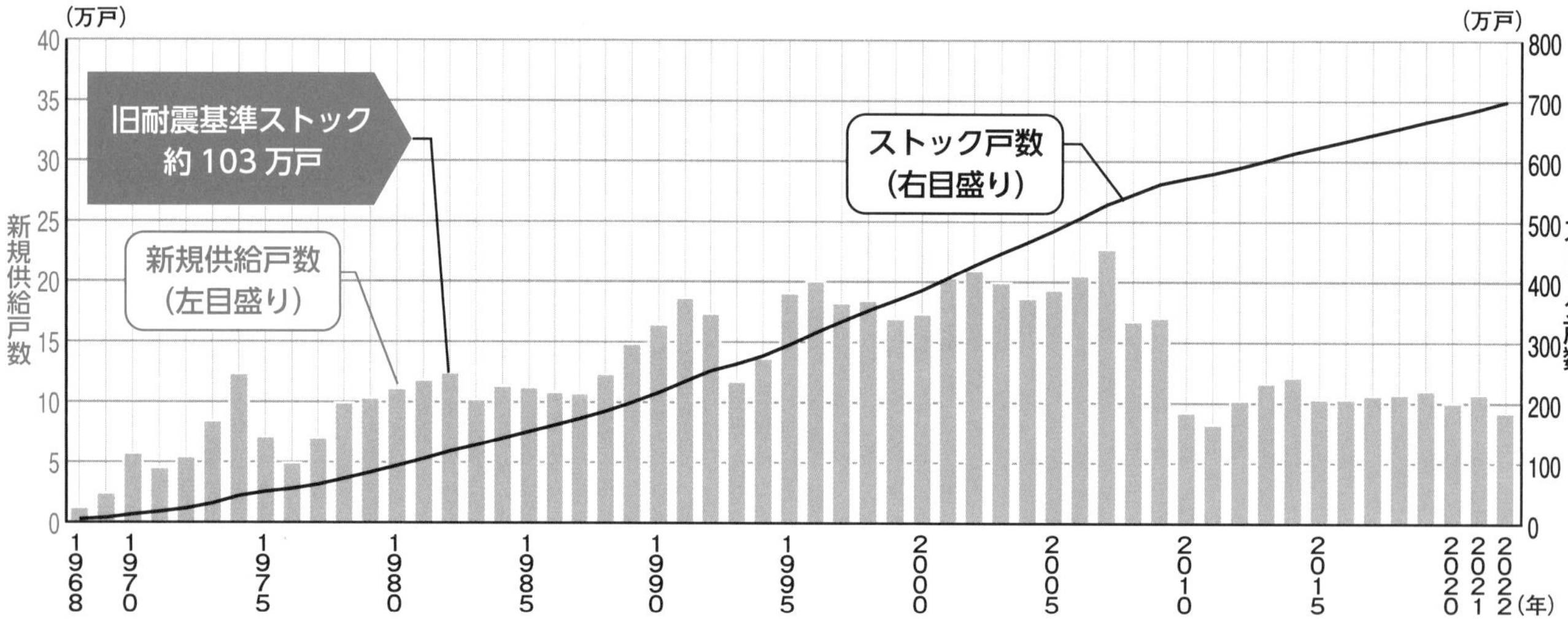

※1．新規供給戸数は、建築着工統計等を基に推計。
2．ストック戸数は、新規供給戸数の累積等を基に、各年末時点の戸数を推計。
3．ここでいうマンションとは、中高層（3階建て以上）・分譲・共同建で、鉄筋コンクリート造、鉄骨鉄筋コンクリート造又は鉄骨造の住宅をいう。
4．1968年以前の分譲マンションの戸数は、国土交通省が把握している公団・公社住宅の戸数を基に推計した戸数。

出典：国土交通省

たりの平均戸数は52・45戸で、全国におおよそ13万棟の分譲マンションがあるとされる。

エリア別にみると、関東の51・46戸に対して、信越は73・05戸、近畿では61・21戸と関東より規模が大きいマンションが多い。その一方で、東海は42・56戸、中国は49・45戸と、小規模のマンションが多く、地域によってマンションの規模に差があることが見て取れる（**図表2**）。

さらに興味深いのは、リゾートマンション1棟の平均戸数が90・85戸、超高層マンションいわゆるタワーマンションの平均戸数が230・17戸と、圧倒的に大規模になっていることだ。

「築浅」とは、築何年まで？

前述した通り中古マンションには、築浅から築古までさまざまな築年数がある。中古マンションを買うなら、できれば築古ではなく築浅がベターと思う人は多いのではないだろうか。

実際に、築浅、築古マンションはどれくらいあるのか。詳しく見ていこう。

そもそも「築浅」といった場合、築何年までを「築浅」いうのだろうか。読者の皆さんは、「築浅」と聞いて築何年をイメージしますか？

図表2　1棟あたりの平均戸数

		戸数
地域別	北海道	50.56
	東北	57.49
	関東	51.46
	信越	73.05
	北陸	50.46
	東海	42.56
	近畿	61.21
	中国	49.45
	四国	52.88
	九州·沖縄	47.24
	全国	52.45
物件別	都市型物件	52.21
	リゾート型物件	90.85
	超高層マンション	230.17

出典：（一社）マンション管理業協会
http://www.kanrikyo.or.jp/report/doukou_r04.html

もちろん「築浅」とは、建物ができてからまだ日が浅いという意味だが、実は明確な基準があるわけではない。では一般的に築何年ぐらいまでを、築浅と認識しているのだろうか。

あるアンケート調査結果によると、築浅の年数が「1年以内」「2年以内」と認識している人は、全体の約1割にとどまり、残りの約9割の人が「3年以内」と認識している。

ただし、実際には「築3年以上でも築浅」という表現をしている物件広告はたくさんある。先のアンケート調査でも「築4年〜5年は築浅」と答えた人が全体の44％にのぼることから、それもうなずけよう。いずれにしても、これらの結果にかんがみれば、「築4年〜5年が築浅かどうかの見解が分かれるところ」といえそうだ。

ちなみに2022年末時点でのそれぞれの戸数は、築5年までが約52万戸、築3年までは約30万戸に過ぎない。

「築古」とは、築何年まで？

一方、「築古」という表現にも明確な基準があるわけではない。ただ一般には、築25年〜築30年以上と認識している人が多いのではないだろうか。

国土交通省が公表する「築後30、40、50年以上の分譲マンション戸数」によると、2021年末時点で、築30年以上は249・1万戸あるとされている（**図表3**）。これは日本の分譲マンション694・3万戸の約36％、つまり中古マンションの3戸に1戸が築30年以上ということだ。

しかも、その中に築40年以上が115・6万戸含まれている。つまり、中古マンションの6戸に1戸が築40年以上であり、そのうち約103戸が旧耐震基準のものとされている。

耐震基準とは、建築物や土木構造物を設計する際に、それらの構造物が最低限度の耐震能力を持っていることを保証し、建築を許可するための基準で、1950年に施行された。当初は「震度5強程度の揺れでも建物が倒壊せず、生活に大きな支障が出ない構造」（旧耐震基準）とされたが、1978年に起こった宮城県沖地震により建物に大きな被害が発生。そのため震度6〜7程度でも大きな被害が生まれないよう大幅な見直しが行われ、1981年6月1日から「新耐震基準」が施行された。

その後、1995年に起こった

図表3　築後30、40、50年以上の分譲マンション戸数と将来予測

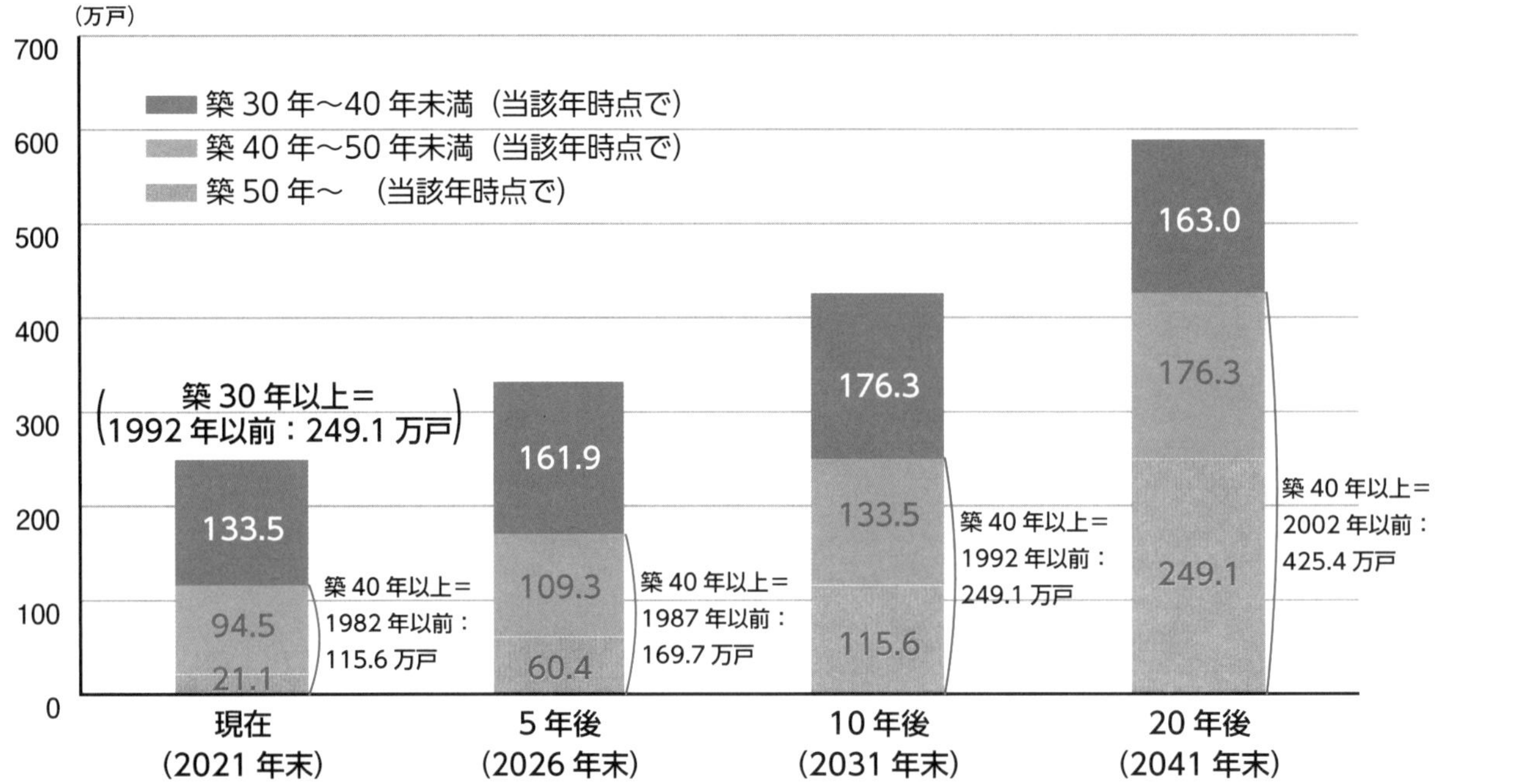

※現在の築50年以上の分譲マンションの戸数は、国土交通省が把握している築50年以上の公団・公社住宅の戸数を基に推計した戸数。
※5年後、10年後、20年後に築30、40、50年以上となる分譲マンションの戸数は、建築着工統計等を基に推計した2021年末時点の分譲マンションストック戸数及び国土交通省が把握している除却戸数を基に推計したもの。

出典：国土交通省
https://www.mlit.go.jp/jutakukentiku/house/content/001488549.pdf

阪神・淡路大震災では、多くの建物が倒壊したが、ほとんどが旧耐震基準の建物で、新耐震基準の建物のほとんどが重大な被害を免れたとされている。

もちろん築年数を経ているマンションの中にも、好立地や低価格、フルリノベーション済みなど魅力的な物件はたくさんある。また、旧耐震基準のマンションでも補強工事などで耐震基準を満たしているものも多数存在するので、築古マンションを購入する際は、この耐震性を十分チェックしたうえで購入を検討して欲しい。

なお、住宅の最低限の安全性を確保する耐震改修等を行う場合は、国と地方公共団体による助成制度がある（**図表4**）。ただし、実際に助成するのは地方公共団体のため、地域によって要件が異なることに注意したい。

マンションが古くなったらどうするの？

築古マンションの購入を検討している時、不動産会社から「マンションの建替えの話が出ている」という話を聞いたらどう感じるだろうか。おそらく多くの人が、そのマンションの購入は避けようと思うのではないか。では、実際にどれくらい建替えが行われているのか。マンション建替えの現状を見てみよう。

2022年4月現在、建替えによる工事完了済みはたった270件しかない。実施中の41件、実施準備中の5件をあわせても320件にも満たない（**図表5**）。理由は、マンション建替えは合意形成が困難で、時間を要するからだ。話が出てから早くても数年、時間がかかるマンションだと10年以上検討中という例すらある。

そもそもどのようなタイミングで建替えの話がでてくるのだろうか。たとえば、回数を重ねるほど費用がかかるとされる大規模修繕工事の4回目を検討しているケースで多いという。また、旧耐震基準のため補強工事と大規模修繕工事を一体で行う費用と、建替え費用を検討した結果、あまり費用に差がないために検討するというケースも考えられる。

もし築古マンションを購入後、すぐに建替えが決定したらどうなるのだろうか。建替え費用の負担や入居後すぐに仮住まいへの引っ越しなんて事態になれば本末転倒である。すでにリノベーションを済ませ、それなりのお金をかけた後であればなおさらだ。

購入を考えているマンションで建替えの話がでているようなら、まずは検討状況などを詳しく聞くことから始めるべきである。たとえば、短期間住む物件を探しているのであれば、思わぬお宝物件の可能性もある。そうした好運を逃さないためにも、まずは状況をきちんと把握することをおすすめする。

図表4 住宅・建築物安全ストック形成事業の概要

○耐震診断：国1／3（地方1／3）

※地方公共団体は、住宅ごとに以下の「個別支援」と「パッケージ支援」を選択適用できる

個別支援

○補強設計等：国1／3（地方1／3）

○耐震改修等：国11.5%、1／6※

（地方11.5%、1／6※）

※：マンション

パッケージ支援

・交付対象：補強設計等費及び耐震改修工事費（密集市街地等で防火改修も行う場合は防火改修工事費を含む）を合算した額

・交付額：

耐震改修の種別	交付額（国と地方で定額）
・密集市街地等（防火改修含む）	150万円
・多雪区域	120万円
・その他	100万円

※上記金額と補助対象工事費の 8 割のいずれか低い額が限度

出典：内閣官房　国土強靭化推進室の資料を基に筆者作成

図表5 マンション建替えの実施状況（2022 年 4 月 1 日現在）

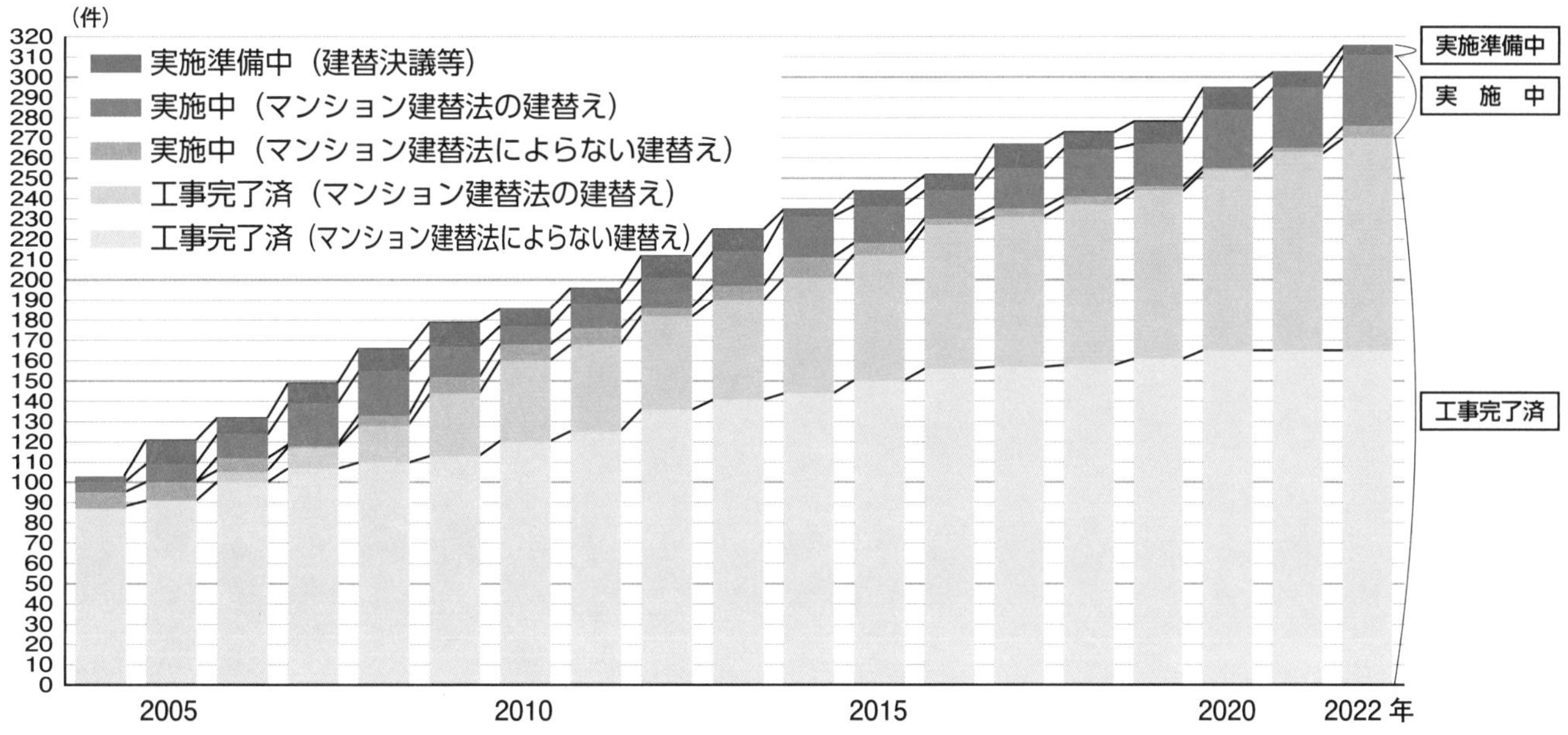

※ 国土交通省調査による建替え実績及び地方公共団体に対する建替えの相談等の件数を集計

※ 2004 年、2005 年は 2 月末時点、2006 年、2007 年は 3 月末時点、他は各年の 4 月 1 日時点の件数を集計

※ 阪神・淡路大震災、東日本大震災及び熊本地震による被災マンションの建替え（計 115 件）は含まない

※ 過年度の実績は今回の調査により新たに判明した件数も含む

※ 上記の他、マンション敷地売却事業に基づく買受計画の認定を受けたものは 17 件、うちマンションの除却に至ったものは 6 件ある。

金利の動向

日銀総裁の交代で住宅ローン金利はどうなる？

２０２３年４月、黒田東彦日銀（日本銀行）総裁の任期満了により、経済学者の植田和男氏が新総裁に就任した。黒田氏といえば、アベノミクスを金融面から推進する立役者としてサプライズ政策を連発。剛腕として名を馳せた。それだけに日銀総裁の交代によって、現在の金融政策が大幅に変更されるのではないかと心配される方も多いと思う。

結論からいうと、現時点では当分の間、金融政策の急転換はなさそうだ。それは、以下の発言からも明らかである。「現在行っている金融緩和は適切。金融緩和を継続してしっかりと経済を支え、企業が賃上げできる経済環境を整える」「金融緩和政策の効果については、２％物価安定目標に向け必要かつ適切な手法である」（２０２３年２月４日に行われた衆議院での所信聴取と質疑）

このように金融政策の継続と、黒田日銀が目標とした「物価２％」を達成したいとの意向を明言しているのである。ちなみに「物価目標２％」とは、前年比で物価が２％ずつ上昇していく、ゆるやかなイ

図表1　**住宅ローン金利の推移**（フラット35，変動金利）

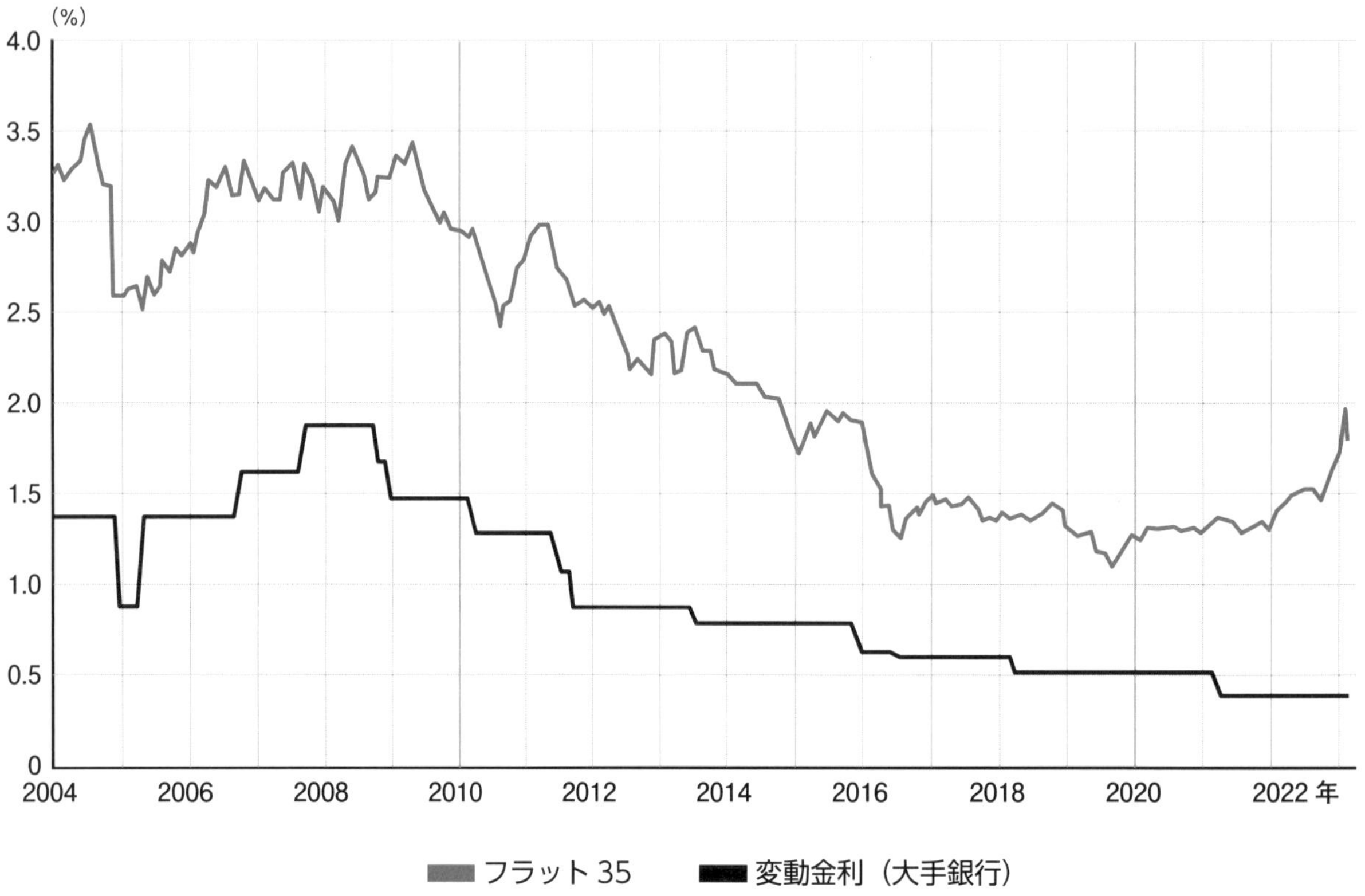

図表2 民間金融機関の住宅ローン金利推移（変動金利等）

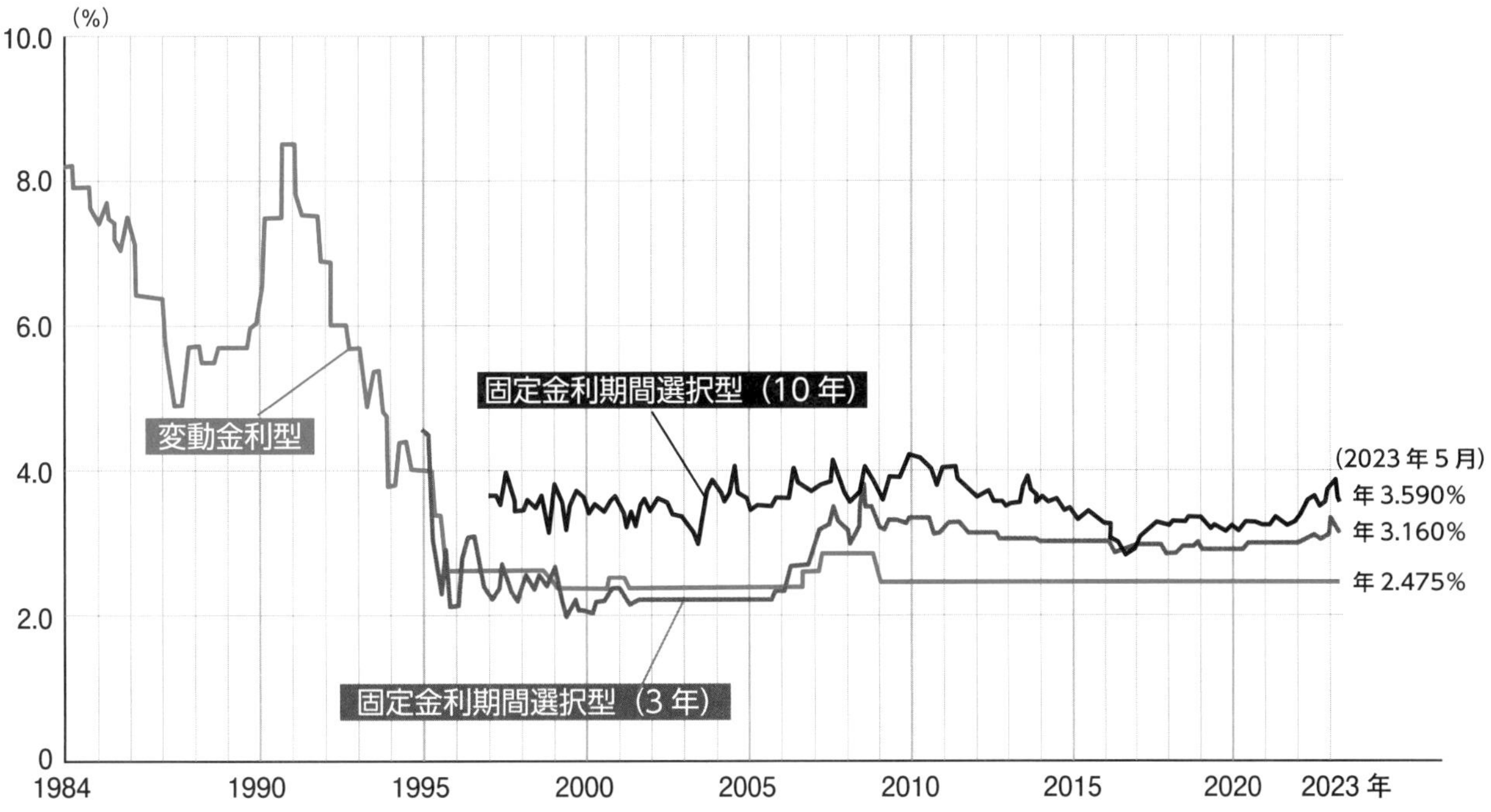

※主要都市銀行のＨＰ等により集計した金利（中央値）。変動金利は昭和59年以降、固定金利期間選択型（3年）の金利は平成7年以降、固定金利期間選択型（10年）の金利は平成9年以降のデータを掲載。
※実際には金融機関によって、店頭金利（基準金利）から優遇金利を差し引いた適用金利が実際の金利になる。

ンフレ状態のことを指す。

その一方で植田氏は、「（今までの金融緩和政策により）さまざまな副作用が生じている」とも発言。その1つとして、イールドカーブ・コントロール（ＹＣＣ）による「国債市場の機能低下」をあげている。ＹＣＣとは、長期金利と短期金利の誘導目標を操作し、イールドカーブを適切な水準に維持することで「長短金利操作」とも呼ばれる。

具体的には、国債買い入れオペレーション（公開市場操作）などを通じて長期金利を誘導する一方、当座預金への付利を調整するなどして短期金利を誘導する政策のこと。このＹＣＣを行うと、国債を取引したいと考える人は必然的に減少する。これが副作用だ。

そういう国債市場の機能低下を受け今後、住宅ローン金利はどうなるのか。固定金利・変動金利の順に見ていこう。

固定は上昇・変動は維持局面にある

国債市場の機能低下を背景に、日銀は2022年12月、長期金利の変動幅を±0・25％から±0.5％へと拡大。この拡大により円相場は一時、1ドル＝131円台まで上昇し、市場に衝撃が走った。

変動幅の拡大は、住宅ローンの固定金利にも大きな影響を与える。それは10年国債をはじめとした長期金利が、住宅ローン金利の指標だからだ。実際、長期金利の変動幅が拡大したことで、多くの金融機関が住宅ローンの固定金利を引き上げる動きにでた。

今後も、ＹＣＣによって国債市場の機能低下が懸念されれば、さらに長期金利の変動幅を拡大する可能性は十分ある。つまり、変動幅の拡大により長期金利が上昇すれば、各金融機関は住宅ローンの固定金利をいっそう引き上げる可能性があるということだ。

一方、変動金利はしばらく上昇しないだろう。もちろん、理由は日銀がマイナス金利政策を維持し続けているからだ。つまり、日銀がマイナス金利政策をやめない限り、変動金利は上昇しないと見てよいだろう。

そもそも景気が上向いていない状況でマイナス金利政策をやめると、変動金利をはじめ世の中の金利が上昇し、かえって景気の悪化を招きかねない。そのため、現状ではマイナス金利政策の終了は考えられず、今後も低水準で推移すると見込まれる。

以上から、今のところ日銀総裁の交代によって住宅ローン金利に大幅な影響はないと考えられる。ただし、住宅ローンを取り扱う金融機関としては、利上げの可能性を排除するわけにはいかないので、固定金利を徐々に上げる可能性はあるだろう。実際に2023年8月、大手銀行では固定金利の水準を引き上げる動きが出てきている。

金利の推移・相場

まずは、フラット35と大手銀行の変動金利の推移を見てみよう。

長期的にみると、変動金利も全期間固定金利（フラット35）も、極めて低い水準にある。変動金利は2008年に2％近い水準になったこともあったが、以後一貫して下落しており今は過去最低水準になっている。

一方、全期間固定金利も、かつて3.5％前後だったのが、2019年には1％台前半まで下落し、その後、徐々に上昇し始めている。この傾向は全期間固定金利だけでなく、当初5年固定、10年固定も同様である。ただし、10年固定金利に限っていえば、金融機関によって金利引き上げと、金利引き下げに対応が分かれている。

住宅ローン加入者の8割以上が変動金利を選択

現状では、住宅ローンを組む際、変動金利を選ぶ人が圧倒的に多い。それは変動金利のほうが固定金利よりも金利が低いこともあるが、黒田総裁の方針が変わらない限り低金利が続くと考えられたからだ。ほかにも首都圏を中心としたマンション価格の高騰により、住宅ローンの毎月返済額を考えると、変動金利を選択せざるを得ないというケースも少なからずあったと思う。

いずれにしても、当面は低金利が続くと考えられるため、これから購入して住宅ローンを借りる人や、変動金利でマイホームを買って間もない人たちにとっては一安心というところだろう。

ただし、住宅ローンの金利は、いつ、どのように変化するかわからない。そうしたリスクにかんがみれば、長期的な金利動向やライフスタイルも踏まえて選ぶことが重要である。

金利が1％増えると？

たった1％と思うかもしれないが、住宅ローンとなると長期間にわたってかなり大きな金額を借りることになるので、金利が1％違うと毎月の返済額や総返済額が大幅に違ってくる。簡単にシミュレーションしてみよう。

たとえば、5500万円のマンションを頭金500万円、ローン5000万円で購入するとする。

仮に1％違うと、毎月の返済額や総返済額はどのくらい違ってくるのだろうか。なお、金利は35年間の固定金利、元利均等で保証料などの諸費用は考慮せず、ボーナス払いや繰り上げ返済をしないものとして試算している。

図表3 金利1％と2％での総返済額の比較

条件	35年全期間固定金利、借入金額5,000万円 借入期間35年、元利均等方式	
金利	2％	1％
毎月返済額	16万5,631円	14万1,142円
毎年返済額	198万7,572円	169万3,704円
	29万3,868円の差	
総返済額	6,956万4,969円（利息含む）	5,927万9,814円（利息含む）
	1,028万5,155円の差	

図表3の通り、年間の返済差額は29万3868円、総返済額の差額となると1028万5155円も違ってくる。

現状、住宅ローンはさまざまな金融機関で取り扱われており、1000を超える商品がある。それだけに物件選びだけでなく、住宅ローンの選択も慎重に検討することが重要なのである。なお、詳しくは第5章で紹介するので参考にしていただきたい。

第2章

新築VS中古マンションの購入・売却時に得するのはどっち？

“一生住み続ける”のが当たり前ではなくなった現代では、住宅は「資産」であり「投資」であるという視点が重要になる。購入時点の価値、住み続けていく中での価値、そして将来価値を決める要素は、実はスタートの時点である程度見えている。そのポイントを見つけよう。

新築マンションと中古マンション 買いやすいのはどっち?

マイホームといえば、長らく「新築」という時代が続いてきた。しかし昨今ようやく、住まい選びの基準が「新しいか否か」という外形的なものではなく、住まい手にとっての「住みやすさ」という実質的な価値へと変わってきた。「買いやすい」という基準もまた千差万別である。それらを踏まえ「買いやすさ」という基準を、価格的な「求めやすさ」と、選択判断という「選びやすさ」から比較していきたい。

求めやすい条件が整う中古マンション

まず、価格的な「求めやすさ」については、特に昨今の新築マンションの価格は上昇しているが、価格の上昇に大きな影響を与えたのが供給戸数の激減である。**図表1**にあるように、例えば首都圏の新築マンション供給戸数を見ると、2000年には年間9万5000戸以上も供給されていたものの、22年には3万戸を下回るなど、実に3分の1以下にまで減少した。

供給が減少した原因は07年から08年のリーマンショックで、国内の新築マンションデベロッパーの多くが倒産し、残った企業体力のある大手財閥系や電鉄系などは、需給バランスを見据えた戸数を供給するようになった。

供給戸数の減少による影響から、首都圏では最寄り駅から徒歩圏で分譲されている物件が一つもない駅もある。したがって、自ずと検討物件の対象は中古マンションへと広がっている。比例して中古マンションへの需要も高まり、価格もリーマンショック以降でも1・5倍以上となっているのが実情だ。

それでも、22年首都圏における新築マンションの平均価格が、1㎡当たり95・1万円（＊1）なのに対して、同年の中古マンションの平均価格は1㎡当たり67・24万円（＊2）と、新築マンションに比較して3割安くなっている。選択の対象となる物件数も、例えば22年の首都圏中古マンションの新規登録物件数は17万戸以上（**図表2**）となり、同エリアの新築マンションと比較して5〜6倍多くなっている。

中古マンションもう一つの利点は選びやすさ

選択判断する際の「選びやすさ」も重要になる。新築マンションを購入する場合、多くは完成前に判断をしなければならない。

より良い物件やより良い部屋を手に入れたいとするならば、少しでも早く想像力を働かせて判断をする必要がある。もちろん、分譲事業者は「モデルルーム」をつくり、少しでも想像がつくような場を提供してくれているので、それらを基準に判断することになる。最近ではバーチャル技術も発展しているので、例えば部屋からの眺望を再現できるようなリアリティある暮らしのイメージができるようにはなっている。

他方、中古マンションでは、実際に住む部屋を見て購入判断ができるメリットがある。まだ所有者が居住中の物件も多く、実際の家具の配置なども見ることができるので、現実が見えるという点では、安心して購入できるだろう。また、購入検討物件のお隣や上下階にどんな人たちが住んでいるのか？こうした重要な情報も手に入れることができる。また、マンションを購入する上で、とても重要なことの一つである、管理状況も見ることができる。

これらを総合すると、中古マンションはメリットが多いと言えるが、特徴的なデメリットもある。それは「嫌悪感」である。

欧米に遅れる中古住宅のリフォーム対応力

日本に比較して圧倒的に中古住宅の売買が盛んな欧米では、中古住宅であってもとても綺麗にメンテナンスされた状態で売りに出される場合がほとんどである。少しでも購入者にとって夢の持てる住まいであるために、売主が努力をしている。しかし日本では生活感のある、そのままの状態で売りに出されることが多く、夢のマイホームという憧れとはかけ離れた実態を見せられることになる。先ほど、新築マンションでは、完成前に判断するために想像力を働かせて判断をする必要があると書いたが、実は中古マンションでもリフォーム後を想像して判断するという点では、同じことが言える。

しかし、新築マンションでは分譲事業者がモデルルームを提供してくれるが、中古マンションでは、仲介してくれる不動産会社がそのノウハウを持っていないことがほとんどである。

総論として新築マンションに比べ中古マンションの方が、価格面も検討物件の数でも買いやすくなっていると言えるが、中古マンションを購入する場合には、購入後の暮らしを実現するためのリフォーム・リノベーションの提案ができる会社選びも重要になってくる。

＊1　「株式会社不動産経済研究所」調べ
＊2、＊3　「公益財団法人東日本不動産流通機構」調べ

図表1　**首都圏新築マンションの供給戸数**（2000～2022年）

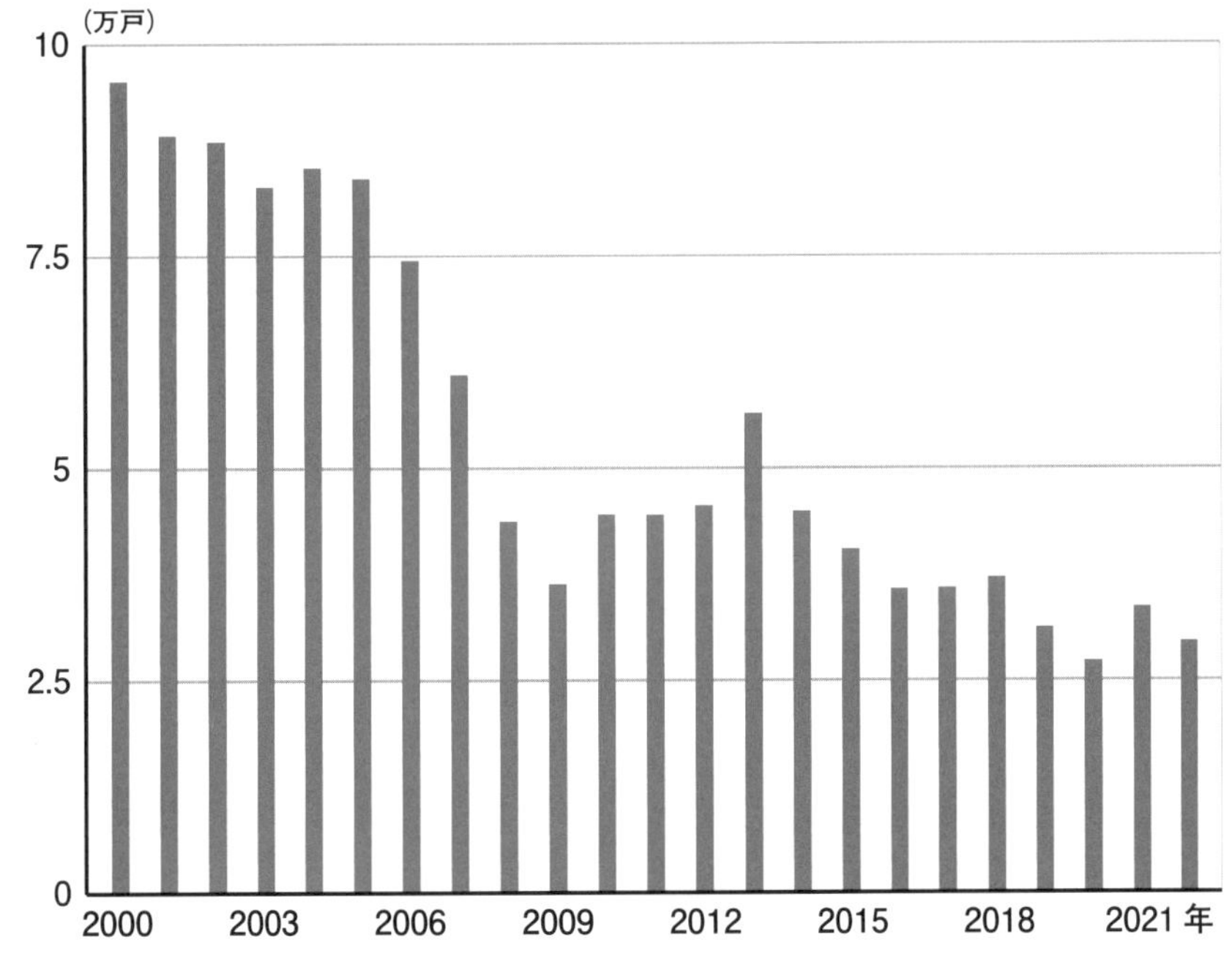

出典：不動産経済研究所資料

図表2

2022年の首都圏で比べた新築マンションと中古マンションの供給戸数

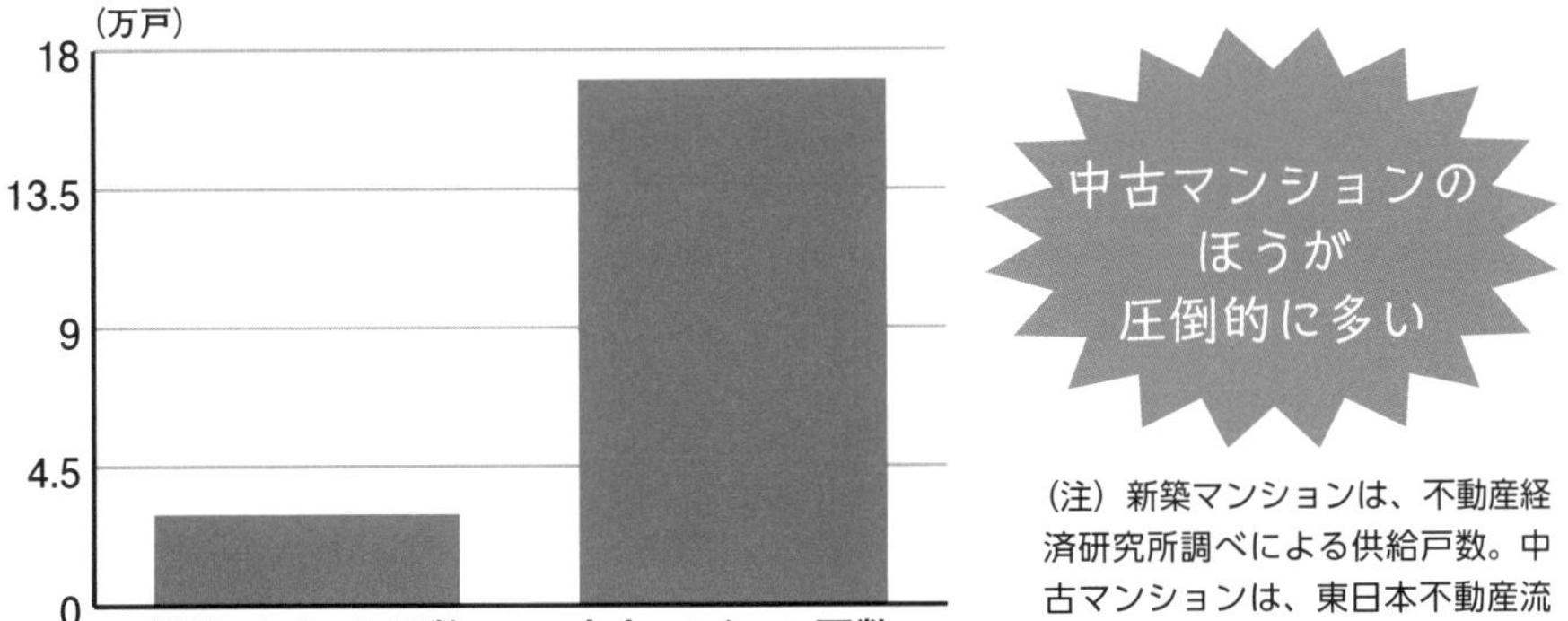

（注）新築マンションは、不動産経済研究所調べによる供給戸数。中古マンションは、東日本不動産流通機構調べによる登録件数。

購入する時はどっちがおトク?

新築マンションは、中古マンションに比べて金銭面でのメリットがいくつかある。その中でも一番大きいのは「住宅ローン減税」だろう。

省エネ化住宅などに優遇措置が拡大中

新築の場合、所得税の控除される期間が13年間（25P）と、中古マンションの10年間に比べて長くなっている。この制度は住宅ローン借入金額の年末残高に対して0・7％をかけた金額が毎年控除されるものである。その対象となる借入限度額は一般住宅の場合、中古マンションが2000万円なのに対して、新築マンションでは3000万円となる。つまり年間で最大7万円の差が出るということになる。

また、購入物件が省エネ基準適合住宅や、ZEH省エネ水準住宅、長期優良住宅・低炭素住宅などの場合は、省エネ対策をはじめとする高性能な住宅の普及を目指す国の方針から、その対象となる借入限度額の上限が4000万円から5000万円となる。そのような高性能な新築マンションを購入する場合は、そのメリットが拡充する。

また、中古マンションでも同様に高性能なマンションであれば、2000万円の上限が3000万円まで引き上げられる。ただしこれらの省エネ対策等に対応したマンションの普及は最近ようやく広まりつつある状況で、中古マンションで見つけることは難しいのが現状だと言える。

ただし、すでに50年以上も継続されている「住宅ローン減税」は、徐々に縮小される方向になっており、2024年以降、減税される金額も減る。しかし、省エネ対策等高性能な住宅の普及を目指す観点から、中身については高性能な住宅に大きく優遇が分配されることとなっている。そうした方向性を踏まえた物件選択も大事になってくるだろう。

中古マンションは既存住民を見て判断できる部分がある

続いて、新築マンションと中古マンションとでは固定資産税に関する差がある。新築マンションでは、5年間にわたり固定資産税が2分の1減額される。年々高性能化している新築マンションの購入を通じて良質な住宅ストックの形成を図る国の方針によるものだ。

得か否かという問題は、金銭面だけではない。たとえば新築マンションのメリットとして挙げられるのが、入居者同士の世代が近い可能性が高いことがある。マンションのグレードや広さなどから、子育て世代が多く入居することが想定されている場合、近隣の同じ学区へ通学する子を持つ親同士の近しい価値観を共有することができる。

一方、中古マンションの場合では、すでに入居されている方々によって影響を受けることになる。築年数によっては既に高齢化している場合もあり、売買が頻繁に行われている場合などでは、世代交代が進んでいる可能性もあるだろう。

しかし、逆に言えば中古マンションのメリットは、そうした既に存在する状況を見てから判断できるという点でもある。どちらにしても、マンションは共同住宅であることから、そこにいる住民との関係性は避けられない。

修繕を実現していくためにも管理に積極参加が重要に

また、マンションでは共有部分の修繕など、住民同士で決めていかなければならない問題が数多くある。特に、マンションの長寿命化にとって大切な「大規模修繕」などは、区分所有者総数の４分の３以上といった決議が必要となる。現場では、この決議のハードルが高く、「大規模修繕」や「建て替え」も進まない場合があった。しかし、昨今のマンションストックの増加に伴い、より円滑な決議を促す観点から、この議決要件を見直していく流れも出始めている。

ということは、今後マンション居住者は、より「管理」に関する関心を持ち、積極参加することによって自らの意思を反映させる機会が増えていくことになるだろう。そういう意味では、購入時における損得も住み続けていく中での関わり方によって、よりそのメリットを高めることになる。そのような時代になっていくと思われる。

図表

住宅ローン減税等の住宅取得促進策に関する新しい動き

（所得税・相続税・贈与税・個人住民税）

住宅ローン減税について、控除率、控除期間等を見直すとともに、環境性能等に応じた借入限度額の上乗せ措置等を講じた上で、適用期限を４年間延長する。

控除率	一律0．7％	＜入居年＞	2022(R4)年	2023(R5)年	2024(R6)年	2025(R7)年
借入限度額	新築住宅・買取再販	長期優良住宅･低炭素住宅	5,000万円		4,500万円	
		ZEH水準省エネ住宅	4,500万円		3,500万円	
		省エネ基準適合住宅	4,000万円		3,000万円	
		その他の住宅	3,000万円		0円（2023年までに新築の建築確認：2,000万円）	
	既存住宅	長期優良住宅･低炭素住宅 ZEH水準省エネ住宅 省エネ基準適合住宅	3,000万円			
		その他の住宅	2,000万円			
控除期間		新築住宅・買取再販	13年（「その他の住宅」は、2024年以降の入居の場合、10年）			
		既存住宅	10年			
所得要件			2,000万円			
床面積要件			50㎡（新築の場合、2023年までに建築確認：40㎡（所得要件：1,000万円））			

※既存住宅の築年数要件（耐火住宅 25 年以内、非耐火住宅 20 年以内）については、「昭和 57 年以降に建築された住宅」（新耐震基準適合住宅）に緩和。

▶住宅取得等資金に係る贈与税非課税措置は、非課税限度額を良質な住宅は 1,000 万円、その他の住宅は 500 万円とした上で、適用期限を２年間延長。

＊良質な住宅とは、一定の耐震性能・省エネ性能・バリアフリー性能のいずれかを有する住宅。

＊既存住宅の築年数要件については、住宅ローン減税と同様に緩和。

▶認定住宅に係る投資型減税は、対象に ZEH 水準省エネ住宅を追加した上で、２年間延長。

売却時はどっちがおトク?

中古マンションを購入検討する方が気にするものの一つが築年数である。かつて日本では、築年数に比例してどのマンションも同列に値下がりするという傾向があった。たとえば駅からほぼ同距離の広さ70㎡のマンションで、築10年の物件と、築15年の物件ならば、後者の方の価格が安いという理屈だ。しかし、昨今はそこに管理状況や、長期修繕計画の有無やその内容などを気にする人も増えた。特にインターネットの普及から口コミも影響を与えるようになり、まさに築年数だけで価値の判断をする時代ではなくなってきた。

低下傾向にある新築プレミアム

「新築プレミアム」という言葉をご存知だろうか？これは、新しい価値が価格に転嫁（上乗せ）されているということをたとえた言葉である。先ほど、日本では築年数を気にする人が多かったと書いたが、その際たるものが「新築神話」だろう。

しかし、新築も一度誰かが住めば中古となる。国土交通省によれば新築住宅の定義は「新たに建設された住宅で、まだ人の居住の用に供したことのないもの（建設工事完了の日から起算して1年を経過したものを除く）」とある。人が一度でも住むか、住まなくても完成してから1年を経過すると、すべて中古住宅となるわけだ。

この「新築プレミアム」は中古住宅として売りに出された瞬間に、その価値を失う。その失った価値が果たしていくらなのか？長らくその金額は2割程度とも言われてきた。

5000万円で買ったマンションが、一度住んだだけで4000万円に値下がりする理屈だが、結論から言うと近年はそこまでの値下がりはなくなった。

確かに一定数、新築にこだわる人もいるだろう。いまでも「新築プレミアム」的な価値が残ってはいる。それでも以前のような差はないと言っていい。

背景にはマンション市場での供給戸数減少

こうした新築固有の価値が減ってきた理由は、中古住宅流通が活性化してきたことや、リフォーム・リノベーションの普及がある。このリフォーム・リノベーションについては第6章で詳しく解説しているが、この「新築プレミアム」の減少がなぜ起きたのか？ これについて解説しよう。

先ほど、かつてのように築年数で価格が決まる時代ではなくなったと書いた。しかし、それでもマンションは土地の形も一つ一つ違う戸建に比べて、似たような間取りも多く、他の近しい条件の物件との比較で価格が左右される。これを「取引事例比較」と言い、条件の近い物件がいくらで売りに出されて、いくらで成約したのかを基準に価格を決定する方法だ。中古マンション価格は周辺での販売物件状況に影響を受けることになる。いわゆる「周辺相場」というものである。

首都圏における新築マンション販売戸数が少なくなった（22P）と書いたが、新築マンション供給が減少すると、新築間もない築浅の中古マンションも減少することになる。市場に出ている物件が少なければ当然、価格は下がらないし、場合よっては新築マンションよりも高いということも起きてくる。これが、「新築プレミアム」の減少を生んだ一番の理由といえる。

築年数が経過すればするほど類似物件との差別化が重要に

では、こうして見ていくと新築マンションの方が供給も少なく、売却時においても価格を保つ可能性があると判断できる。**図表**をご覧いただくとわかるように、「新築プレミアム」は減少しているものの、それでも中古戸建に比較して中古マンションの方が比較的築年数の浅い段階での価格下落が大きいことがわかる。そして、中古マンションの最大の特徴として、築30年経過後の価格の下落が緩やか、あるいは一定になるということがある。値下がりが止まる意味では、売却時におけるメリットがあると言える。

しかし、28Pに述べる通り、これからは売却される中古マンションの半数が築30年以上の物件になっていく時代となる。当然のことながら類似した物件が周辺で数多く売りに出され、それらと比較されることになるので、築年数が経過すればするほど類似物件との差別化が求められるだろう。

図表　**マンションと戸建て住宅で比べた築年数と価格の変化**
（首都圏の2020年「成約状況」価格）

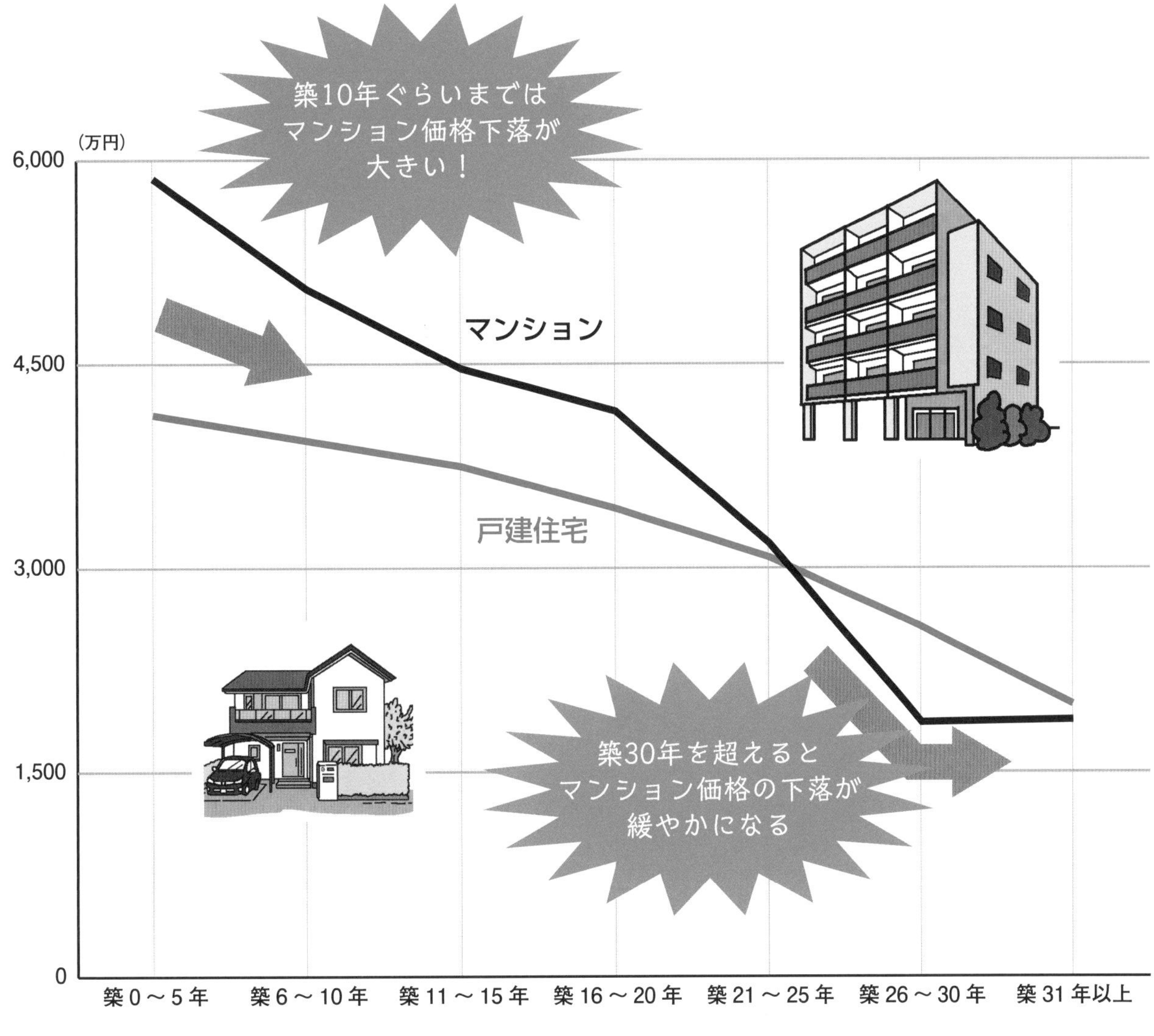

出典：公益財団法人　東日本不動産流通機構

住み始めてからの違いを考える

新築マンションと中古マンションとを比較して住み始めてから一番違うのは、近隣住民がどんな人か住む前にわかるか、住むまでわからないのかという点ではないだろうか。

新築マンションは完成前に契約することが多いため、隣りや上下階にどんな人が住むかは、居住を開始するまでわからない。契約前に窓口となる分譲業者にそれとなく聞かれる人もいるが、個人情報の厳しい時代であるだけに担当者の方も伝えたい気持ちがあっても、事細かくは言えないのが実情であろう。

特に、騒音に関するトラブルは今も昔も常に上位に入る問題である。新築マンションの場合、比較的世代が近い場合が多く、例えば子育て世代にとっては同じような世代が住んでいることは一見メリットに感じる。しかし実際のトラブル事例を見ると、同じ子育て世代であっても、男の子と女の子とでは騒音のレベルも違うなど、決して世代が近いだけで安心はできないという実態がある。

他方、中古マンションでは売主が居住している場合が多く、状況を把握できる点でリスクは大きく減少する。

ペット可はほぼ当たり前の時代になった

また、昨今増えてきている居住後の問題に、ペット問題がある。かつてマンションではペットを飼育することが小鳥等の小動物に限られ、犬や猫といった動物の飼育は禁止がほとんどだった。しかし、ペットブームの影響もあり飼育を可能とするマンションが増えている。国土交通省のマンション総合調査（＊1）によると、マンション全体のうち、ペットの飼育を禁止しているのは40・3％となっている。全面的に認めている、あるいは種類等の制限をつけながらも認めているマンションは、全体の53・4％にもなった。これを２０１５年以降に完成したマンションに限定すると、禁止しているマンションは、実に1・3％しかない。全面的に認めている、あるいは種類等の制限をつけながらも認めているマンションが93・6％と、新築マンションではペット飼育ができるのはほぼ当たり前になっている。

つまり、新築マンションという選択では、仮にペットの飼育を希望していなくても、ペット可のマンションしか選択できないということもあり、入居後の認識の違いを生む原因となっている。

ただし、中古マンションでもそのトラブルは起きている。中古マンションの多くは当初の管理規約ではペット飼育を禁止していたのに、希望者の声を反映して可能に変更したマンションも多くあるため、実際に居住している人にヒアリングすることも重要と思われる。

マンションの修繕積立金不足はいずれ顕在化する可能性

次に入居しなくとも、わかるからこそ気をつけたい問題を比較したいと思う。

「マンションは管理を買え」。こんなことを聞いたことはないだろうか？　２０２１年末におけるマンションのストック総数は６９４・３万戸だが、そのうち36％が築30年以上だ。10年後には54％が築30年以上になる。（＊2）つまり、これからのマンションは築年数が経過した物件が今以上に多く売り出されることになるが、その場合に物件の優劣を決めるのがマンションの管理状態である。

国土交通省は平成23年4月に「マンションの修繕積立金に関す

るガイドライン」をまとめ、適宜改訂し23年にも追補版をまとめたが、その中で修繕積立金の目安を明示（**図表**）している。20階未満で、そう大きくない標準的なマンション（建築延床面積5000㎡未満）では、1㎡あたり235円～430円としている。平均値が335円で、70㎡のマンションだと、2万3450円が毎月必要となる。しかし、実態として徴収されている金額は1㎡あたり181円で、国土交通省が定める目安には到底及ばない。特に中古マンションの購入の際にこうした修繕積立金の不足から、月々の金額値上げが早々に起きる可能性がある。購入に際しては、検討するマンションの毎年開かれている総会の議事録を入手するなどして、検討・状況を把握する必要がある。

新築マンションでも積立金不足が

もちろん、この問題は新築マンションでも同じことだ。特に、新築マンションではより一層、修繕積立金の設定が安くなっていることが多く、本来は新築時からきちんとした計画に沿った金額を徴収すべきなのに、先送りになっているケースがとても多くなっている。

ただ、新築マンションでは大規模な修繕が起きるのが10年以上も先であることや、その程度の経過年数では大きな劣化もないため、多額の修繕費用を必要とせず、問題が顕在化しないだけだとも言える。したがって抱えている問題は同じだと言える。

＊1 平成30年国土交通省「マンション総合調査」
＊2 新規マンション供給戸数を年間10万戸で推移と仮定した場合

図表 **計画期間全体で見た修繕積立金の平均額の目安**
（機械式駐車場を除く）

地上階数/建築延床面積		月額の専有面積当たりの修繕費積立金額 事例の3分の2が含まれる範囲（1㎡月額当たり 円）	平均値（1㎡月額当たり 円）
20階未満	5千㎡未満	235～430	335
	5千㎡～ 1万㎡未満	170～320	252
	1万㎡～ 2万㎡未満	200～330	271
	2万㎡以上	190～325	255
20階以上		240～410	338

（2022年度に公益財団法人東日本不動産流通機構を通して成約した首都圏中古マンションの月額修繕費積立金）

実態として徴収されている金額1㎡当たり：181円（5千㎡未満の平均値335円と比較）

出典：国土交通省 2011年（2021年改定） マンションの修繕積立金に関するガイドライン

マンションは修繕を繰り返して管理していくもの。
その点で修繕積立金の不足を解消していくことが重要になる。

売却のタイミングとマイホーム投資

以前、あるセミナーで私が「マイホームは投資である」と申し上げた際、参加されている方々が不思議そうな顔をされたことが記憶に残る。日本では、売却を想定して購入する発想などかつてはなかったのかもしれない。

日本の住宅もスクラップ&ビルドからストック&フローへ

国土交通省が出している**図表**を見てわかる通り、日本では住宅購入の際に、新築住宅を選ぶ人が圧倒的に多く、中古住宅の比率はわずか14%強しかなく、これは中古住宅が主である米国や英国の比ではない。また、滅失住宅（壊した住宅）の平均築後年数の比較でも、日本は30年あまりと、米国の66年や英国の80年の半分以下となっている。

これらが意味するものは、日本ではマイホームを購入あるいは新築して、そこから30年くらい住み続けた後には解体して、また新たな建物を購入あるいは新築することを繰り返してきたという、まさにスクラップ&ビルドという暮らし方である。解体に伴う二酸化炭素の排出といった昨今のＳＤＧｓの観点からも課題の多い慣習だったとも言える。こうした暮らし方の背景には、戦後の住宅不足を解消するために国をあげて新築住宅の建設を奨励してきたことがある。その元になったのが「住宅建設計画法」だが、人口減少そして空き家問題に対応するために、この法律も実は２００６年に廃法になり、新たな「住生活基本法」が施行されている。新しい法律は、先ほどのスクラップ&ビルドから、ストック&フローの社会へと転換する内容となっている。

さて、中古住宅流通が盛んで住宅の寿命も長い米国では、マイホームを生涯において4回～7回は買い替えると言われている。米国でマイホームを購入する人に聞くと「マイホームは投資である」と答えが返ってくる。日本人にはなじみが薄いかもしれないが、「投資」が「自らの財産の価値を高める」という点では、誰もが共感していただけるのではないか。その価値が評価されること、すなわち一定の価格的な価値を持つということはとても大切なことだ。

かつてのように、購入したマイホームを子孫が継承してくれる時代では、当然売却ということは念頭にはないだろう。しかし、多くの場合において子供は巣立ち部屋数が余る。さらには人生１００年時代という長寿命化するこれからは、マイホームを購入した年齢の時とは違った、その年代相応のものが住まいには必要になる。もちろん、購入した住宅を改修することで対応できるものもあるだろう。けれども、さまざまな背景から住み替える必要性が出ることは、当然頭に入れておくべき時代かと思われる。

購入時から売却タイミングを考えること

従って、「売却タイミングはいつ考えるべきか？」に対する答えは「購入段階から」だと言えるだろう。とはいえ、売ることばかり考えて住まいを選ぶのはどこか本末転倒な気もする。大事なことは、何年経っても「ここに住みたいと思える物件か？」あるいは「ここなら住んでみたいと思ってもらえる物件か？」、そんな視点である。

不動産そのものは一つの物件を一人（一組）が手に入れる。しかし、環境や交通、さまざまな施設などは皆で共有する財産であり、それらのすべてが売却時には影響してくる。そこで大事なことは「変えられるもの」と「変えられないもの」があることだ。

先ほどの共有する財産とは、「変えられないもの」だと言える。これらは特に購入段階で注意すべき点だと言える。購入する物件のごく周辺だけに意識が行きがちだが、そこは広い視野で見て欲しい部分だ。そしてもう一つの「変えられるもの」については、購入後にその差が開くものだ。

将来的な価値を高めるマイホームへの投資が必要に

仕事がら、住宅を所有している方と多く接するが、私はよくこんなことを聞く。「この1年間にご自宅にいくらくらいお金をかけましたか?」と。まれに「リフォームしたよ」という人に出会うが、ほとんどの人が「0円」と答える。購入金額が1桁違うマイカーですら「洗車」や「オイル交換」など、いくらかのお金はかけているのに、なぜかマイホームにはお金を使わない。

先ほど、「マイホームは投資である」と書いたが、自らの資産である住宅の価値を維持そして向上させるためにも、定期的なメンテナンスや設備の更新、そして昨今では省エネ対策という暮らしの質を高める投資によって、自らの日々の暮らしを快適にかつ豊かにできるのみならず、それが将来的な価値へとつながる時代になってきた。まさに買うことがゴールではなく、買ってからが大事だということが言えるだろう。

図表
国際的に見てきわめて少ない日本の既存住宅流通シェア

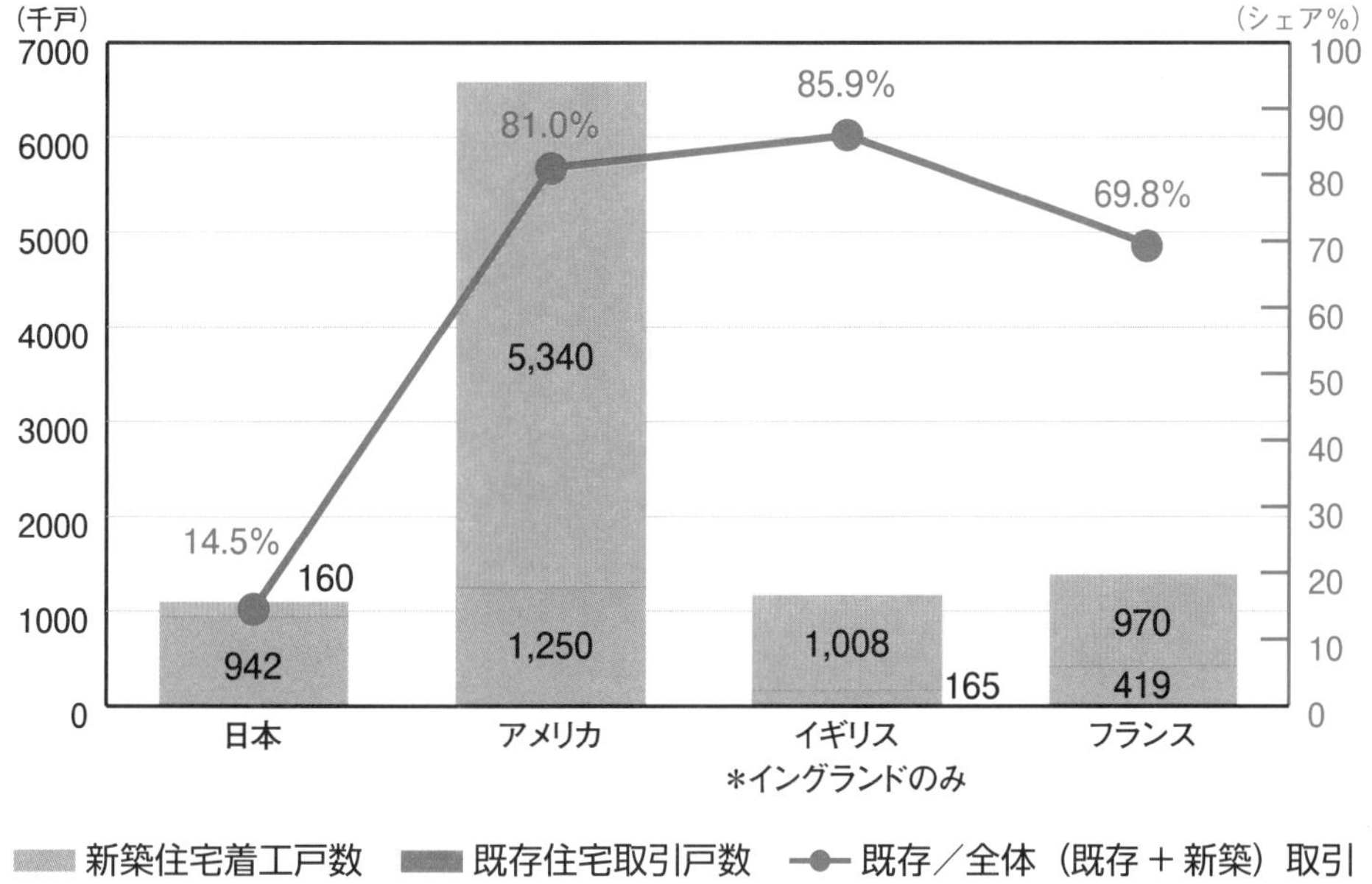

(注) 各国ともに2018年数字。出典：日本については総務省「平成30年住宅・土地統計調査」、国土交通省「住宅着工統計（平成30年計)」。アメリカ、イギリス、フランス4か国についての出典情報は、https://www.fudousan.or.jp/mlit/vol121/images/01.pdf を参照。

わかりやすく解説

減失住宅って何？

減失住宅とは、取り壊しなどの外的力によって建物がなくなる状態のこと。立替え工事によって古い建物を解体すると、建物減失登記を行う必要がある。自然災害などによって建物が消滅する場合も減失となる。

省エネ化に貢献する、例えば2重マドなどの設置は、マンションでも有効な“投資”に。

補助金と税額控除は「省エネ」と「子育て」が2大キーワード

不動産を購入する際、利用できる補助金や税額控除があるなら誰でも利用したいもの。その補助金や税額控除だが、令和５年度の現在では「省エネ」と「子育て」が利用条件の２大キーワードとなっている。

省エネとは CO2 排出量の問題を踏まえて、不動産を高断熱としてエネルギーを極力使わないことや、高性能の設備で効率よく使うことも含まれる。また太陽光パネルなどでエネルギーを創ることもある。夏は涼しく、冬は暖かくして、できるだけエアコンや暖房などを利用しない生活にすることと言えば分かりやすいかもしれません。

子育ては少子化を踏まえて、子育てする世帯の負担を軽くして、少子化を解消していこうという狙いがある。主に 18 歳未満の子どものいる世帯を対象としている。

国の政策として両方とも一定の条件をクリアすれば不動産を購入、建築する場合に、補助金や税額控除を受けられる仕組みを整えている。ただし、これらの補助金や税額控除は新築住宅や一戸建てに集中していて、中古マンション購入で利用できる制度はあまり多くはない。だから、利用できる制度はしっかり活用していきたいものだ。

中古マンションで利用できる補助金と税額控除

以下の事業は中古マンションでも利用できる補助金と税額控除制度となってる。

①こどもエコすまい支援事業
②給湯省エネ事業
③先進的窓リノベ事業
④長期優良住宅化リフォーム推進事業（マンション全体）
※上記①～④はリフォーム時
⑤住宅借入金特別控除（住宅ローン控除）

令和５年度で目新しいのは①こどもエコすまい支援事業となる。中古マンションの所有者（購入後）が、こどもエコすまい支援事業者と契約し対象となるリフォーム工事をする場合に、リフォーム箇所に応じた補助を受けられるものだ。

子育てをしながら省エネを進める家族には、国の支援がある。

原則は１戸あたり上限 30 万円だが、子育て世代や若者夫婦世帯でリフォームをする場合には、上限は 60 万円までアップされる。

リフォームの内容は省エネ性能を上げるものから家事負担を軽減するもの、防災性能を向上させるものなど様々なものがあるので、自身で利用できるかどうかは１度公式ホームページを見て確認しよう。補助金にも限りがあるので、早めの申請が良い。

②給湯省エネ事業も利用しやすい補助金である。内容は給湯省エネ事業者と契約し、一定の性能を満たす高効率給湯器を導入したものを対象とする制度で、5 ～ 15 万円 / 台が補助される。給湯器は 10 年経過したあたりからお湯が出るのにバラつきが出たり、温度が一定にならないなど寿命が見え始める。中古マンションを購入した場合にはこの制度を利用して高効率給湯器に変えるのも良いかもしれない。

住宅ローン控除でも省エネ系には優遇措置

最後は本文中でも何度も出てくる⑤住宅借入金特別控除（住宅ローン控除）である。長期優良住宅や低炭素住宅、ZEH 住宅、省エネ住宅など省エネ系の中古マンションの購入では一定の条件を満たせば、最大 210 万円で取得税の控除（還付）が受けられる。一般的な非省エネ住宅なら最大 140 万円までとなる。中古マンションでも省エネかどうかで差がでてくる。

補助金や税額控除において「省エネ」と「子育て」の２大キーワードは令和５年度以降も続くものと思われる。該当する場合は、利用を検討していこう。

第3章

失敗しない中古マンションの選び方

新築マンションの価格高騰を受け、いま中古マンションが売れている。部屋の向きや広さ、間取り、共用施設、マンションの規模など、それぞれのチェックポイントを具体的に解説。また生活に大きな影響を与える管理について、内在するトラブルの見極め方、内見時や書類で確認するポイント等も押さえておこう。

中古マンションの魅力、周辺環境、エリア、学区など

マイホームは、おそらくほとんどの人にとって人生で一番高い買い物でしょう。だからこそ立地や周辺環境、間取りなど悩みは尽きない。中でも最大の悩みは、新築・中古の選択ではないだろうか？

第1章でも触れたように、いま売れているのは、新築ではなく中古マンションである。それは新築の価格が高騰し過ぎて、手が届きにくくなったことが1つ。2つ目は、新築の供給戸数が減っていること。3つ目は、購入者の中古に対する価値観が変化したことだ。

どんなメリットがあるのか、具体的に見ていこう。

中古マンションの魅力

ポイント① 価格が安い

何といっても新築より、中古マンションの方が価格が安い。築年数にもよるが、一般的に同程度の立地の場合、新築より3～5割程度価格が安いといわれている。

さらに新築マンションの価格が、前述したように高騰し続けている。特に上昇しているのが首都圏だ。新築マンション1戸あたりの平均価格が1億4360万円と、初めて1億円を超えた。なんと新築と中古マンション1戸あたりの平均価格の差は9919万円。1億円にも迫る価格差となり、もはやこれまでの常識は通用しない価格差になっている（**図表1**）。

図表1
新築・中古マンションの市場動向
（首都圏）2023年3月

	発売・成約戸数	1戸あたり平均価格	㎡単価
新築	2,439戸	14,360万円	199.9万円
中古	3,442戸	4,441万円	69.83万円

出典：新築は「不動産経済研究所（首都圏新築分譲マンション市場動向2023年3月）」
出典：中古は「東日本不動産流通機構（2023年3月度の中古マンション月例速報）」

ポイント② 住宅ローンの負担が軽くなる

価格が安ければ当然、住宅ローンの借入額や初期費用は少なくて済む。ゆとりができた分、趣味や旅行、教育費などに資金をまわすことができる。

そもそも今の時代、長期間にわたって安定的な収入が得られるとは限らない。リストラや転職などのリスクを考えても、できるだけ多くの余裕資金を確保しておくに越したことはない。

しかも価格が安ければ、40代から住宅ローンを組んでも定年前までに完済できる可能性が高まる。50代後半や60代など、シニア層の買い替えにも中古マンションはおすすめだ。価格が安い中古なら、既に所有している物件の売却資金と退職金で賄えるかもしれない。余裕資金があれば、バリアフリー化などのリフォームを実施することもできる。

ポイント③ 自分好みのリフォームやリノベができる

近年、高騰する新築マンションの販売価格を抑えるため、内装や設備など標準仕様のグレードを落とす事例が散見される。具体的には、「ディスポーザーや食洗機が設置されていない」「キッチンや洗面所の天板など目立つ部分の材料は人造石など豪華だが、目立たない場所はグレードの低い材料を使っている」といった例だ。

さらに標準仕様だと、床材や壁紙などの選択肢が少ない。選べるのはせいぜい色味程度で、オプションで補おうとすると割高になる。キッチンやお風呂などの設備や内装が、自分のライフスタイルと相容れない可能性もある。

その点、中古マンションであれば、安く購入できた資金で水回りや内装などを自分好みに変えることができる。また、家族構成の変化に応じて、「子供部屋を書斎にする」「間取りを変更する」など、大胆なリフォームがしやすいことも、魅力の1つだ。

ポイント④ 実物を見て判断できる

新築のモデルルームに行くと、最新設備やその豪華さに目を奪われ、その空間そのものを手に入れたいと感じることがある。しかし、新築の場合、モデルルームのほかパンフレットや図面等をもとにイメージするだけで、実際の住戸、日当たりや眺望、風通しなどを確認しないまま購入することが多い。そのため、実際に部屋が完成し引き渡しを受けてから「日当たりが良いのは上階だけ」「眺めがいいのは一部屋だけ」「思っていたよりも造りが安っぽい」など、後悔するケースはけっこう多い。

その点、中古なら実際の部屋を見て日当たりや眺望、風通し、騒音、さらにはリフォームの必要性まで確認することができる。現地に行くことで、建物の外壁汚れやタイルのひび割れ、エントランスの清掃状況はもちろん、天井の高さや間取りなどイメージがわきにくい部分も、実際に確認してから購入を決めることができる。

特に管理状況には注意が必要だ。管理組合がきちんと機能し、建物の耐久性や外観などの維持管理が適正に行われていれば、資産価値も維持され極端に下がることはないからだ。つまり、安心して購入できるというわけだ。

ほかにも所有者や住人から住み心地の感想が聞ける。実物や近隣の環境だけでなく、住人の雰囲気や年齢層などを確認することで大きな安心感が得られる。

ポイント⑤ 希望エリアの選択肢が広がる

人がエリアにこだわる理由は「人気の街に住みたい」「住み慣れた場所を離れたくない」「子どもの学区」「子育てを親に助けてもらいたいから同じ街に住みたい」「親が高齢で心配だから同じ沿線に」と様々だ。

また、子育てを終え夫婦だけの生活になると、今までの間取りでは生活しづらいと感じる方が多い。そこで、大掛かりなリフォームや縮小買い替え（ダウンサイジング）を検討することになる。

その際、多くの人が「友人との行き来やかかりつけの病院、習いごとがあるので、最寄り駅からできるだけ離れたくない」と考えると思う。こんな時も、中古マンションは有力な候補になる。

エリアによっては新築の供給がほとんどない地域もあるので、中古も視野にいれれば選択肢はぐっと広がる。また、新築では手が届かないエリアも、中古なら手が届くかもしれない。住みたいエリアや街がある場合は、中古の方が断然有利であり、実現性も高まるということだ。

最後に、実際中古を購入した理由を紹介しよう（**図表2**）。

図表2
既存住宅を購入した理由
<既存住宅購入者>

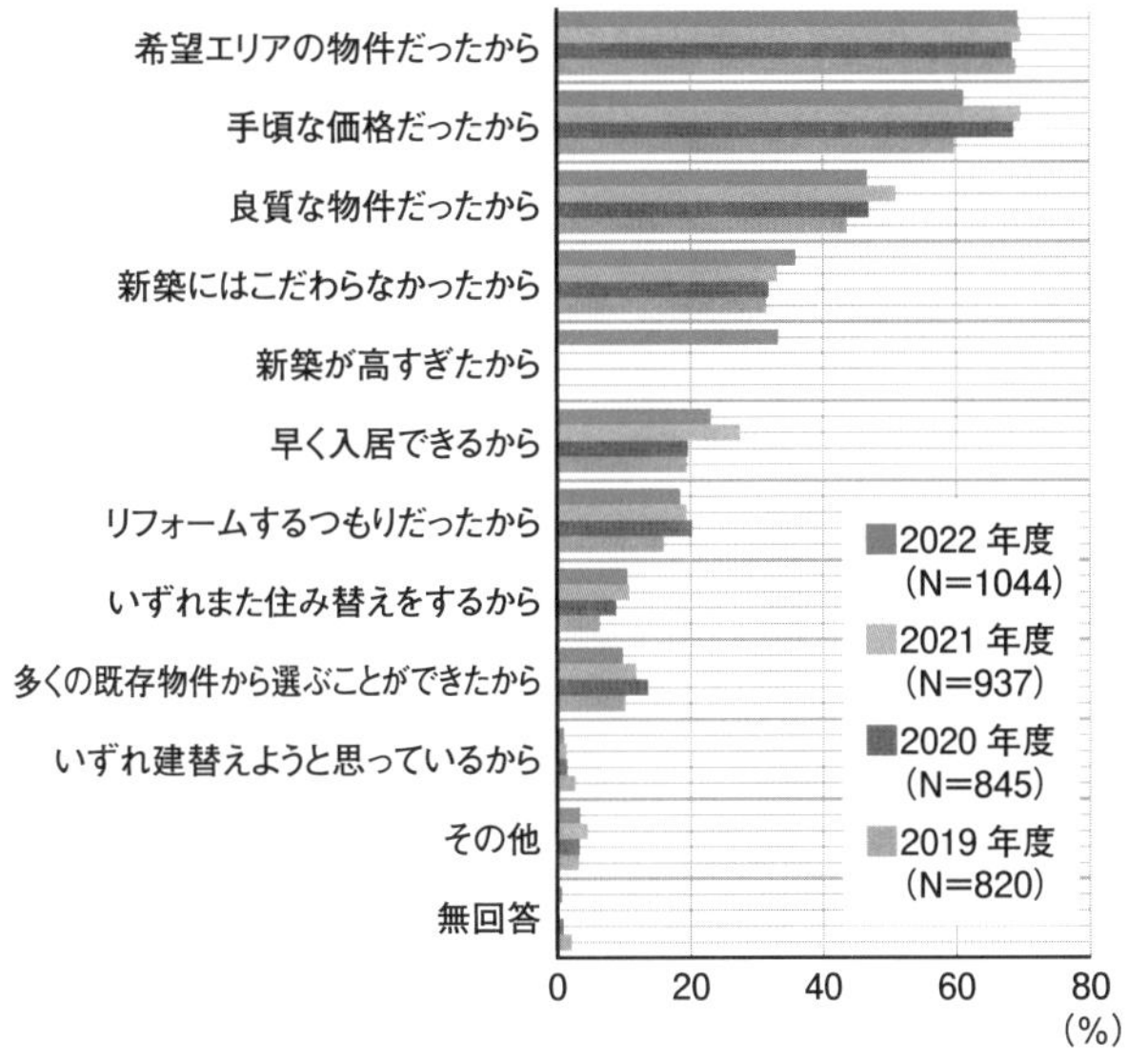

※複数回答
(注) 2022 年度から、既存住宅を購入した理由について「新築が高すぎたから」という選択肢を追加。
出典：「不動産流通業に関する消費者動向調査」（不動産流通経営協会）

中古という響きだけで、「建物のつくりは新築より劣る」と思うかもしれないが、実際には優良な中古マンションの資産価値は下がりにくく、新築と比べても劣ることはない。それは、購入理由の3位に「良質な物件」が入っていることからも明らかだ。

つまり、立地や価格の手頃さと同じように、住宅の質が購入の決め手になっているのである。しかも3年連続で増加している。また、「新築にはこだわらなかった」という理由も4位につけていることからも、新築に見劣りしないのは明らかだ。

部屋の向き、広さ、間取り、階数、共用施設、規模など

　マンションの購入を検討する際、何を重視する人が多いのだろうか。

　条件はたくさんあるが、なかでも多いのが「部屋が南向きかどうか」だ。なぜ南向きかというと、昔から日本では大きな開口部のある家に慣れ親しみ、布団や洗濯物を外に干す習慣があるからだといわれている。そうした風習が刷り込まれてしまっているため、「南向きが望ましい」と潜在的に思っているわけだ。

本当に南向きが良いの？

　南向きは多くの人に人気があるため、当然価格は高くなる。しかし、本当に南向きが住みやすいのだろうか。以下、部屋の向きごとにメリット・デメリット、価格との関係を見ていこう（**図表1**）。

　確かに南向きは太陽の恵みをたくさん享受できる。昼間や休日など、家で過ごすことが多い場合、南向きのリビングやバルコニーを選ぶと満足度は高くなる。ただし、同じ南向きでも都心部などの住宅密集地の場合、目の前にマンションがあるなど建物と建物の距離が近く、日当たりの悪い部屋も少なくないので注意が必要だ。その点、中古マンションであれば、実際に確かめることができるのでリスクを軽減できる。

　また北向きでも、ウォーターフロントなど眺望が良い物件は、価格が高めに設定されている。逆に南向きでも立地に特徴のある物件は、相対的に割安になっている。したがって、個々の間取りだけでなく、部屋ごとの景観や日当たりの違いを確認することが、極めて重要なポイントとなる。

タワーマンションは北向きがねらい目？

　高さ60m以上、20階以上の住居用の超高層建築物、いわゆるタワーマンション（タワマン）だと事情が変わってくる。たとえば、南向きは近隣のタワマンで視界がふさがれているが、北向きは見晴しが良いというケースもある。また、北向きなので当然直射日光は入らないが、タワマンの高層階の中には、地表面の反射により明るく感じる部屋も少なくない。

　そもそも日照時間は西向きが一番長い。とは言え、どの方角でも実はそれほど大きな差はない。一方、価格の順番はというと、一般的に「南向き」→「東南・南西向き」→「東・西向き」→「北向き」の順で安くなる。

　こうして見ると価格が高騰している状況にかんがみれば、あえて北向きを選ぶという「条件外し」も有りだと思う。南向きにこだわりすぎず、ライフスタイルにあう貴方向きの部屋を選ぶのがおすすめだ。

部屋の広さ、間取りの目安は？

　狭い家に住み続けてきた日本人にとって、広い部屋は憧れだろう。しかし、広すぎる部屋は掃除の手間がかかるだけでなく、暖房効率などの面から見てもマイナスである。実際、住む人数に対して理想的な広さ、標準的な広さとはどれくらいなのだろうか。

　その指標となるのが、平成28年3月に閣議決定された住生活基本計画（全国計画）の「誘導居住面積水準」だ（**図表2**）。誘導居住面積水準とは、住生活基本計画で示された住宅の面積に関する水準のことで、世帯数に応じて「これくらいの面積があれば、豊かに暮らせる」という理想の住まいの広さを示している。

　これによると、マンションでは単身者40㎡、夫婦2人55㎡、夫婦2人と3歳未満の子だと60㎡、夫婦2人と10歳以上の子だと75㎡、

図表1 東西南北―本当はどの向きが良い?

	メリット	デメリット	価格
南向き	・日光の明るさを感じながら生活できる。日中はほぼ日当たりあるため、長時間室内が明るい ・在宅ワークや日中家で過ごす家族が多い家庭向き ・洗濯物や布団を干す際、早く乾き快適 ・冬の暖房費を減らせる	・人気があるため価格が高い ・夏はエアコンなどの光熱費が高額になる	高い
東向き	・朝日を浴びて起床できるので、生活リズムを整えやすい ・午後からの外出が多い人向き ・太陽が昇るご来光の向きなので縁起が良いとされ人気 ・経営者など紘を担ぐ方も	・日当たりは午前中のみ ・冬は寒い	中間 西向きと変わらず
西向き	・人の活動時間帯であり日照時間が一番長い ・冬は温かい ・午後も夕方まで日が差し込む ・お子さんが幼稚園や小学生など、早めの時間帯に過ごすご家庭向き。実質的な日照時間が長くおすすめ	・西日があたり室内の物が日焼けする可能性あり	中間 東向きと変わらず
北向き	・人気がないため価格が安い。日当たりを重視しない人にはコスパが良い ・夏は太陽の光が差し込まず涼しい ・日が差しにくい分、家具が傷みにくい ・日当たりが期待できない分、あえて窓を大きくしている部屋が多いため明るい。真北ではなく少し東や西にずれていれば朝や夕に陽が入る ・やわらかく安定した光のため、日中の読書や自宅で仕事をする方におすすめ	・洗濯物や布団が乾きにくい ・冬は太陽の光が入らないので寒い ・暖房費などの光熱費が高額になる ・就寝時の北枕が気になる人には不向き	安い

夫婦2人と6歳以上10歳未満、10歳以上の子の4人だと90㎡程度(住戸専用面積、共用部は除く)が理想の部屋の広さとなる。

ただし、これはあくまで理想的な住まいの広さであり、実際にはこの面積より狭い部屋に住んでいるケースが多い。総務省の平成30年の調査でも、この広さを実現している世帯は全体の59・7%に過ぎない。

では、日本人は今、実際にどの程度の部屋に住んでいるだろうか。たとえば一人暮らしの場合、最も多いのが20～25㎡で、平均面積は24・18㎡。この広さだと、間取りはワンルームか1Kが多いと考えられる。DINKS・ファミリーの場合は、40～45㎡が最も多く、次いで50～55㎡。平均面積は52・38㎡となっている(住環境研究会調べ)。

この違いは住む人数や家族形態によって、選ぶ広さや適した間取りが異なるためである。一般にこの広さになると、1LDK～3DKなど様々なタイプの間取りの部屋を選ぶことができる。

なお、通常は部屋の専有面積が狭いほど、「㎡あたりの価格」が高くなる傾向にある。また、部屋の専有面積には、柱や廊下などの

図表❷　世帯人数別の面積（例）

（単位：㎡）

		単身	2人	3人	4人
誘導居住面積水準	一般型	55	75【75】	100【87.5】	125【112.5】
	都市居住型	40	55【55】	75【65】	95【85】
最低居住面積水準		25	30【30】	40【35】	50【45】

【　】内は、3～5歳児が1名いる場合

一般型:都市の郊外及び都市部以外の一般地域に建つ戸建て住宅を想定

都市居住型:都市の中心部及びその周辺におけるマンションを想定

<計算式>

1．誘導居住面積水準

(1) 一般型誘導居住面積水準

①単身者　55㎡

②2人以上の世帯　25㎡×世帯人数＋25㎡

(2) 都市居住型誘導居住面積水準

①単身者　40㎡

②2人以上の世帯　20㎡×世帯人数＋15㎡

2．最低居住面積水準

①単身者　25㎡

②2人以上の世帯　10㎡×世帯人数＋10㎡

注（1、2共通）

1．上記の式における世帯人数は、3歳未満の者は0.25人、3歳以上6歳未満の者は0.5人、6歳以上10歳未満の者は0.75人として算定する。ただし、これらにより算定された世帯人数が2人に満たない場合は2人とする。

2．世帯人数（注1の適用がある場合には適用後の世帯人数）が4人を超える場合は、上記の面積から5％を控除する。

3．次の場合には、上記の面積によらないことができる。

①単身の学生、単身赴任者等であって比較的短期間の居住を前提とした面積が確保されている場合

②適切な規模の共用の台所及び浴室があり、各個室に専用のミニキッチン、水洗便所及び洗面所が確保され、上記の面積から共用化した機能・設備に相当する面積を減じた面積が個室部分で確保されている場合

デットスペースも含まれるので、スペースに無駄がない間取りを選ぶのも重要なポイントだ。

階数、部屋の位置の注意点

立地、部屋の向き、広さなどが理想的でも、その部屋の階数や位置によって快適に暮らせないことがある。特に気を付けなければいけないのが共用施設だ。たとえば、各階にゴミ置場があり、24時間ゴミ捨てが可能なマンションの場合、部屋の向きによっては、臭いや扉の開け閉め音などがうるさいといったリスクがある。

ほかにも隣接する駐車場から聞こえるアイドリングの音が気になる、エレベーターや給排水設備、屋上アンテナなどの共用部分から出る音がうるさいといった思わぬ事態も想定される。

防犯面にも注意する必要がある。たとえば、ゲストルームが同じ階にあると、居住者以外が出入りするので心配になる。エレベーターの停止階も、セキュリティ対策がなされているか確認したい。

エレベーターの設置台数も確認したい。高層階がいいと思って住んだら、設置台数が少ないため、朝の混雑時になかなか乗れずイライラ。郵便受けや宅配ボックスまで行くのが不便といった声も聞く。これではせっかく高層階を買ったのに、やるせなさでいっぱいになってしまいかねない。

一方、低層階の住人にも複雑な思いがあるようだ。高層階と低層階で乗るエレベーターが違うケースでは、エレベーター待ちのときに、微かな劣等感を感じるという。

規模は、大・小どっちが良い？

マンションの規模は、大きい方が良いのか、それとも小さい方が良いのか。一般に日本のマンションの1棟あたりの平均戸数は約50戸といわれるが、2000年以降に限ると総戸数1000戸以上も珍しくはない。たとえば、マンション管理業協会が実施した「令和4年マンション管理受託動向調査結果」によると、1管理組合あたりの平均棟数は1・18棟、平均戸数は62・09戸、単棟あたりの平均戸数は52・45戸となっている。それが超高層マンション（いわゆるタワマン）に限ると、1管理組合あたりの平均戸数は268・56戸、単棟あたりの平均戸数は230・17戸と一気に4倍強まで跳ね上がる。

いずれにしても、マンションは規模によって、それぞれメリット、デメリットがある。以下、詳しく見ていこう（**図表3**）。

大規模マンションには、タワマンなどの規模が大きいマンションと、団地のような多棟タイプのマンションがある。タワマンは、都心や郊外の駅前、湾岸エリアなど、駅周辺の再開発とともに供給されることが多い。

一方、多棟タイプは、都心近郊や郊外の工場、倉庫の跡地などの広大な敷地に、複数の住居棟を建設。あたかも1つの街区を形成するがごとく、大規模になるケースが多い。駅から遠い場合は、居住者専用のバスが運行されることすらある。

こうした大規模マンションの場合、過剰な設備がなければ管理費等の負担が抑えられ、市場にも流通しやすいという共通の特徴がある。ただし、戸数が多いため同じマンション内で同時期に複数物件が売りに出ると、早く売却したいがために値下げ合戦が起こりかねないので、あらかじめ考慮しておきたい。

300戸以上か、150戸以下がおすすめ

中・小規模マンションには、低層と中高層タイプがある。低層マンションは、戸建てが多く静かな住宅街に供給されることが多い。周囲に高い建物がないため、開放感があり、静かな住環境を求める人向きだ。

中高層マンションは、都心から郊外、駅近から駅遠まで、広範囲にわたって供給されているため物件数が多い。敷地の広さによって、横長の長方形や細長い間取りがあり、大規模と比較するとワンフロアごとの戸数は少ない。こうした中・小規模マンションの場合、特に150戸以下の中小規模マンションのほうが下落率が低くなるという特徴がある。

以上見てきたように、マンション選びは極めて多様な視点が必要になる。もちろん見た目や間取りも重要だが、最も優先すべきポイントは購入後の心理的側面や利便性などの居住価値である。他にも防犯・防災、地盤、資産価値など、様々な視点から慎重かつ総合的に判断したい。あれもこれもと条件をつけたい気持ちもわかるが、「理想どおりの完璧な住まいはない」と割り切り、優先したい条件を3つ程度に絞るのがおすすめだ。

図表3　大規模・中小規模マンションのメリット・デメリット

	メリット	デメリット
大規模マンション	・間取りのバリエーションが豊富 ・ゲストルームや集会室など共用施設が充実 ・低層階にコンビニやクリニックなど便利な施設があることも ・コンシェルジュや管理員が常駐し、防犯面でも有利 ・公開空地や緑化など敷地内が整備されていることが多い ・管理費等の戸当たり負担が安価	・1棟あたりの総戸数は多いが、敷地を要するため供給数が少なくエリアも限定的 ・機械式駐車場やエスカレーターなど維持費がかかる共用施設が多いと費用負担が重くなる ・居住者同士の関係が希薄になりやすい ・通勤や通学時間帯にエレベーターが混雑する ・合意形成が図りにくく特別決議などが承認されにくい
中・小規模マンション	・大規模と比較して供給数が多い ・駅近など立地にすぐれた物件がある ・エリアも都心から郊外まで広域にわたっている ・居住者同士のコミュニティが作りやすい ・合意形成が図りやすく管理組合や理事会運営がしやすい ・華美な設備がないコンパクトタイプの場合、管理費等の負担が少ない	・周辺環境の変化に左右されやすい ・共用施設が限定されている ・管理員が常駐しない場合は、セキュリティ面で懸念が生じる ・管理員が清掃員を兼務する物件も多く、清掃がおろそかになる場合がある ・管理費等の長期滞納が、管理組合の会計状況に大きな影響を与える可能性がある

マンションは管理を買え（トラブル防止）

マンション購入を考えている人であれば、一度は「マンションは管理を買いなさい」という話を聞いたことがあるでしょう。実は中古マンションこそ、「管理の良し悪しが優良物件を見極めるポイント」と言っても過言ではない。

では、どうやって管理の良し悪しを見極めればいいのだろうか。

それには、まず「営業担当者の情報量に違いがある」ということを把握する必要がある。というのも新築マンションの場合、一般に営業担当者はマンション本体はもちろん、周辺の環境などについても一定の教育を受けてから担当するため購入検討者の様々な質問にだいたいのことは答えられる。一方、中古マンションの場合は、物件ごとに教育を受けるわけではなく、不動産会社の担当者の知識や経験をもとに説明するだけだからだ。そのため購入してから「まさかこんなことになるなんて」といった

図表1　トラブルの発生状況

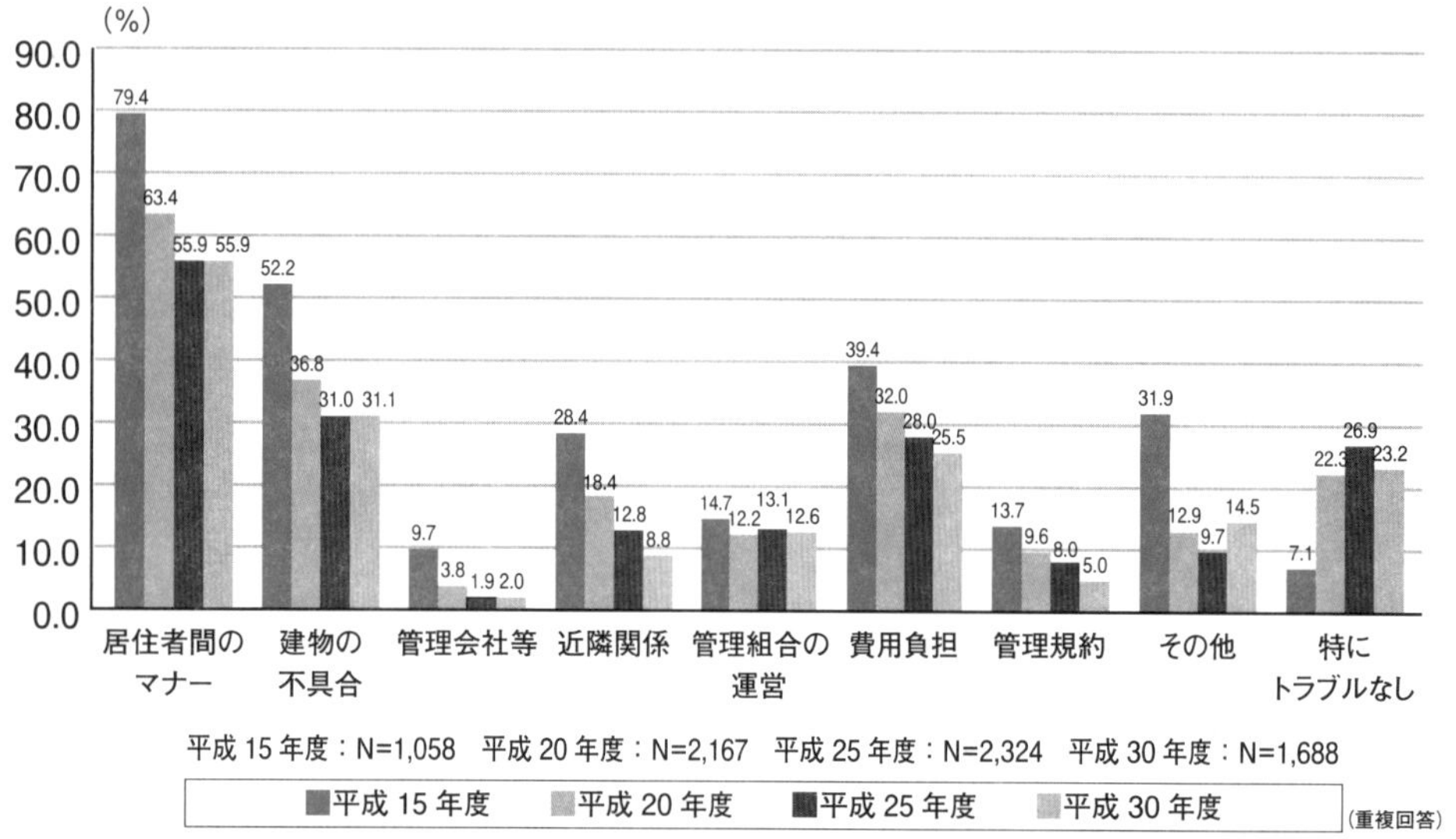

出典：国土交通省「平成30年度　マンション総合調査結果」

図表2

マナー及び建物の不具合によるトラブルの発生状況

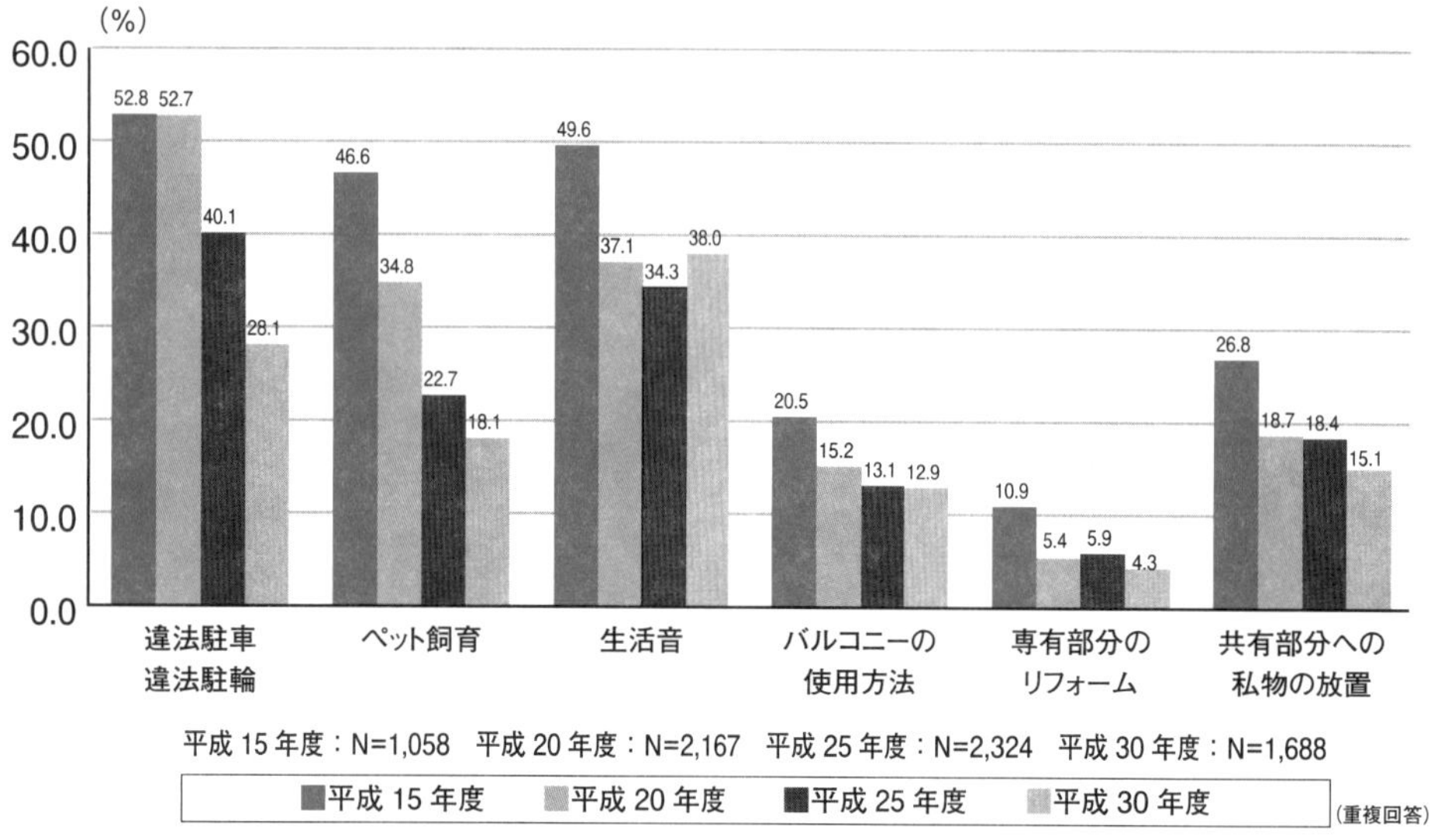

出典：国土交通省「平成30年度　マンション総合調査結果」

図表3　現地（オンライン）での内見&書類での確認ポイント

現地（オンライン）
・エントランスや掲示板、エレベーター内などに騒音に関する注意文はないか
・掲示がある場合、そのマンション内で騒音がある可能性大
・仲介する不動産会社、現在の所有者、管理員などにマンション全体と部屋に関するヒアリングを行う
・騒音がありそうな場合、想定される時間に出向き直接確認。その際、必要に応じて音の大きさを測る測定器なども用意する（地方自治体で無料で借りられることもある）
書類
・重要事項説明書の特記欄などに騒音トラブルについてコメントがないか確認
・管理規約や使用細則、入居のしおりに騒音についてルールがあるか確認。たとえば、「楽器類は、夜9時から朝9時の間は演奏しない」「駐車場でのアイドリングをできるだけ避ける」「パーティーなどは周囲の迷惑にならない範囲で楽しむ」など
・入居のしおりは、所有者、賃借人関わらず目を通す書類なので、今後の騒音トラブルの未然防止としても有効
・管理規約や使用細則などで、購入を検討している物件のフローリング基準を確認（築年数が新しい方が、音には強い）
・騒音がある場合、床にカーペットを敷く、床下に断熱材などの防音工事をするなど、技術的な解決が可能か。もし可能なら、リフォーム項目への追加を検討する
・住人が悩んでいることを投稿できる「目安箱」などの仕組みがあるか。管理組合が機能しているか
・騒音トラブルがあった際、管理会社や理事会が窓口になって対応してくれるか。掲示板にある連絡先に、あらかじめ対応方法を聞くのも一つの方法

事態になることもしばしば。

　つまり、情報弱者のまま購入してしまい、住みはじめてからトラブルに巻き込まれ、快適に生活できないといったことが起こりうるということだ。こうなったら、まさに後悔先に立たずである。

　そこで中古マンションを購入する際、どのような点を見て物件を選ぶべきなのか。ここでは判断しづらい管理面・ソフト面を中心に見ていこう。

生活音・駐車場・ペットが三大トラブル

　一戸建てと違い、人が集まって住むマンションは、居住者間を中心にさまざまなトラブルが発生しやすい。たとえば、「平成30年度マンション総合調査結果」（**図表1**）を見てもトラブルのないマンションは23・2％に過ぎず、何らかのトラブルを抱えているマンションが多い。具体的には、「居住者間の行為、マナーをめぐるトラブル」が55・9％と最も多く、次いで「建物の不具合に係るトラブル」が31・1％、「費用負担」が25・5％となっている。単棟型と団地型を比較すると、団地型の方がトラブルの発生率が高くなっている。

　さらに居住者間のマナーをめぐるトラブルを具体的に見ると、「生活音」が38・0％と最も多く、次いで「違法駐車・違法駐輪」が28・1％、「ペット飼育」が18・1％と続く。よく「生活音・駐車場・ペットがマンションの三大トラブル」と言われているのは、このためである。

　また「建物の不具合に係るもの」のトラブルを具体的に見てみると、「水漏れ」が18・7％と最も多く、次いで「雨漏り」が10・1％となっている。さらに「費用負担に係るもの」では、「管理費等の滞納」が23・9％と最も多くなっている。

　つまり、どれだけ立地が良く素敵なマンションでも、「トラブルが発生している中古マンションを購入してしまうと、入居後すぐにトラブルに巻き込まれる可能性が高い」ということだ。こうした余計なトラブルに巻き込まれないためにも、購入前にトラブルの有無を、もしあるような内容を確認しておきたい。

トップは「騒音トラブル」

　騒音トラブルは、一般に当事者同士の信頼関係の度合いによって大きく異なる。たとえば、うるさいと思っていた音が良く知っている子どもの足音だとわかると、気にならなくなる、といったケースがそれだ。

つまり、住人同士のコミュニケーションが良好だったり、普段から近隣コミュニティとの付き合いがあれば、さほど大きな問題にならず、簡単に解決することも多い。たとえば、マンション内の行事が活発に行われている、多くの住民が自治会活動に積極的に協力しているマンションは、広義に「騒音対策が行われている」と言える。そういう意味では、騒音トラブルはマンションの住みやすさを表すバロメーターと言っても過言ではない。

騒音トラブルの有無は、エントランスの掲示板などで確認することができるので、内見の際には必ずチェックすることをおすすめする（図表3）。

今は騒音トラブルがなくても、一つ屋根の下に集まって住む以上、いつ発生するかわからない。場合によっては、意図せず「騒音を出している」とクレームを受ける可能性すらある。そうしたトラブルに巻き込まれても慌てることなく対処できるよう、万が一巻き込まれた際の対応方法も確認しておきたい。

騒音トラブルは長期化する場合も

音は空気や柱、梁、壁を振動によって伝わり、私たちの耳に届く。たとえば、人と人とが対面して話し合っている場合は、直接空気振動によって音が伝わるので、それ以外の人の音と聞き間違えることはほとんどない。しかし、マンションの場合は、構造上の問題で、特殊な伝わり方をすることがある。上の部屋から聞こえる音だと思っていたら、実は斜め上の部屋が原因だったといったケースは少なくない。

当然、確証がもてなければ、直接抗議するのは気が引ける。入居して間もなければ、周りにどんな人が住んでいるのかもわからないのでなおさらだろう。

そもそも音というのは、人によって感じ方に差がある。実は、それが騒音トラブルを難しくしている要因だ。たとえば、「このぐらいの音は我慢してください」と言われれば、引かざるをえないこともあるだろう。このように騒音の立証は簡単ではないため、一般に長期化する傾向にあるといえる。

それだけに、購入を検討する際は、必ず内見時に騒音トラブルの有無を確認することをおすすめする。具体的には「過去・現在」において起こっていないか、起こっている場合は、「どんな音が」「何時ぐらいに起こっているのか」を確認したい（図表4）。

図表4
生活騒音の発生源内訳
（全国）（平成28年度）

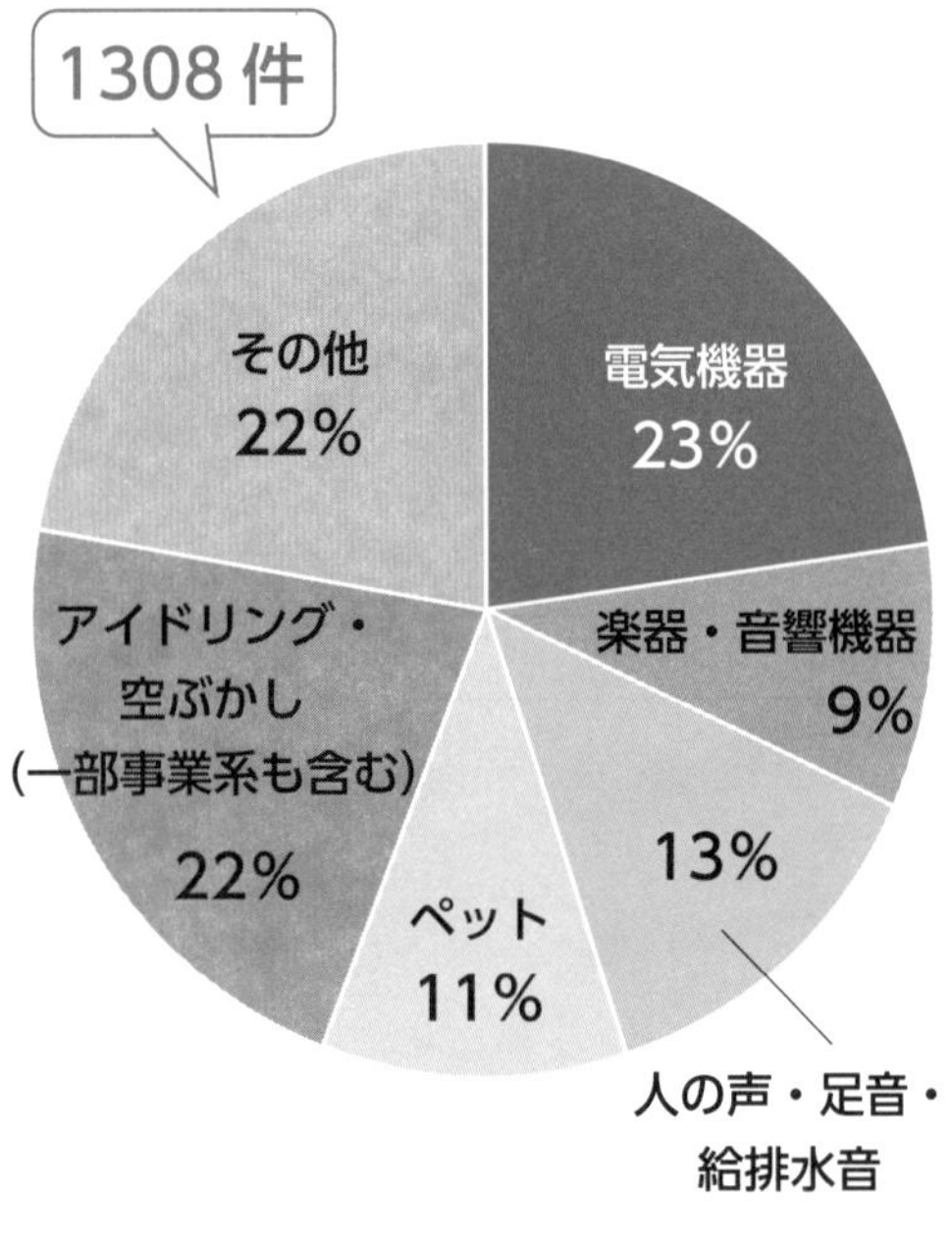

出典：環境省「騒音規制法施行状況調査」

違法駐車・駐輪は何が問題？

違法駐車や違法駐輪は、「屋内の照明がチカチカして今にもきれそう」「エントランスが蜘蛛の巣に覆われている」「郵便受けからチラシがはみ出ている」などと同じように、管理状況を判断する貴重なバロメーターといえる。特に駅近マンションの場合は、無断で自転車を止める常習者がいることも少なくない。こうなってくると外部者の侵入の可能性が想定される。自転車のカゴへのゴミのポイ捨てくらいならまだ容認できるが、盗難自転車の乗り捨てが散見されるようだと、「管理上問題あり」と判断せざるを得ない。

違法駐車の場合は、「自分の車が駐められない」「出入りや避難の妨げになる」などの問題を生じさせる。もちろん公道なら警察へ通報すれば対応してもらえるが、マンション敷地は私有地なので、そう簡単にはいかない。実際、通報しても警察から「住民の話し合いで解決してほしい」と言われてしまうケースは少なくない。

警察からそういわれても、誰が

所有する車かわからないので注意したくてもできない。管理組合でレッカー車を手配する方法もあるが、どこに移動するか、料金をどうするか等々、途方に暮れることが多い。

今どきの駐車場問題とは？

　これまで「マンションの駐車場問題」といえば、違法駐車とともに「駐車場不足」がよく問題になっていた。しかし、ここにきてガソリンなど維持費の高騰やシニア層の免許返納などの理由で車を手放す人が増えており、逆に「駐車場の空き問題」が生じつつある。以下、二つの側面から購入時に気をつける点を見ていくことにする。

■空きスペースの確認

　一般にマンションの駐車場は、近隣相場より安いため、「できればマンション内の駐車場を利用したい」と住人なら誰もが考える。したがって、まずはマンションの駐車場に「車両サイズにあう空きスペース」があるか確認したい。ワンボックスカーやミニバンなどは機械式駐車場のサイズや高さ制限にひっかかることもあるので注意が必要だ。また、マンションによっては「1住戸1台」などの制限や貸出ルールがあるので、あらかじめ確認したい。

　なお、駐車場を共用部分とせず「分譲車庫権利付きマンション」として販売されているケースもあるので確認してほしい。もちろん、この場合は使用料を支払わずに利用することができる。

■空きすぎ問題

　自分が車を所有していないからといって、駐車場に関する確認をおこたってはいけない。昨今の車離れの結果、管理組合の駐車場に空きが生じ、問題となっているケースが後を絶たないからだ。一般に駐車場使用料は管理組合が徴収し、管理費会計か、修繕積立金会計の収入源にしているケースが多い。その収入が使用者が減ることによって、収支バランスが崩れてしまうわけだ。

　たとえば、1住戸1台の駐車場が確保されている50戸のAマンションがあるとしよう。近年の車離れにより、現在50台中10台が空いている（月額使用料は1台1万円）だとどうなるだろうか（**図表5**）。

　なんと年間で120万円もの差が出る。この120万円をざっくり50戸で割ると、一戸当り年間2万4000円負担しなければならない計算だ。

図表5　使用台数による収入差

満車（50台中50台契約）の場合	
月額	1万円×50台＝50万円
年間	50万円×12カ月＝600万円
10台空き（50台中40台契約）の場合	
月額	1万円×40台＝40万円
年間	40万円×12カ月＝480万円

120万円もの差！

　もし購入を検討している物件が、駐車場使用料を管理費会計の収入にしていれば、昨今の物価高と収入減のため、値上げは避けられないであろう。特に機械式駐車場の場合は、維持費が高いので収入減とのダブルパンチになるので注意が必要だ。実際、機械式駐車場の維持費がまかなえず、修繕費などの費用負担を巡って問題化しているマンションが増えている。

空き具合を必ず確認する

　一般に駐車場使用料の収入と維持管理の支出は、管理費や修繕積立金と同一の会計で行われている。そのため、たとえ車を所有していなくても、駐車場に空きが生じると、必然的に収支が悪化し、自分にも影響する。一方、駐車場に特化した「駐車場会計」があれば、たとえ多額の維持費がかかる機械式駐車場があっても、使用者が負担するため不公平感が生じにくい。ただし、「駐車場会計」を行っているマンションは、まだ少数派なので、事前に確認したい。

　いずれにしても、購入を検討しているマンションに駐車場がある場合は、必ず駐車場の空き状況を確認すること。また「外部貸し」など、住人以外が利用できるシステムになっている場合は、防犯面への配慮についても確認したい。その際、あわせて募集方法や運営ルール、課税対策（駐車場の外部への貸し出しは収益事業になる）についても、おざなりになっていないか確認するべきである。

築浅は
ペット飼育可が普通

　いまやペットは家族同然と言っても過言ではない。日本の全世帯の9・69％が犬（約705万頭）を飼育し、8・63％が猫（約

883万頭）を飼育している。実際、ペットと一緒に住めるマンションを希望する人たちが増えており、最近では、「ペット共生住宅」と銘打って、ペットと暮らすことができるマンションも数多く登場している。

　ペットフード協会が2022年に行った「全国犬猫飼育実態調査」でも、今後、飼育意向のある人の阻害理由として「集合住宅に住んでいて禁止されている」が、「別れがつらい」「お金がかかる」「旅行などの長期の外出がしづらくなる」と並んで上位になっている。いまやマンションとペット飼育は切っても切れない関係なのだ。

　その傾向は、築年数別に見ると明らかである。高経年のマンションでは、いまだペット禁止としているところが多く見られる。一方、築20年までのマンションの場合、そのほとんどがペット飼育を認めている。既にペットを飼っている方やこれからペット飼育を希望する方は、まず築年数を目安に探すと無駄が省けるだろう。

　なお、築浅のマンションの場合は、ほとんどがペット可になっているため、逆に「ペット禁止」を条件にすると、選択肢が狭くなる可能性が高いため注意したい。

ペット禁止物件購入時の注意事項

　前述した通り、高経年マンションの多くが「ペット禁止」を管理規約で定めている。ただし、「管理規約はあくまでも区分所有者の意向による現時点でのルールであり、所有者の意向が変われば変更される可能性がある」ことは覚えておきたい。具体的には、「組合員全員へのアンケート→ペットを飼いたい人やペットを飼うことに抵抗のない人が半分以上いる→必要に応じて説明会→総会の承認」という段階を踏むことでルールを変更することは可能だ。

　なお、総会の承認を得るには管理規約、あるいは使用細則の改定を議題として取り上げ、決議を経る必要がある。管理規約なら総会での議決権総数と区分所有者総数の各4分の3の賛成で、使用細則なら出席組合員の過半数の賛成で見直すことが可能だ。

　いずれにしても、きちんと段階を踏めば、購入時は「ペット禁止」のマンションでも、途中から「ペット飼育可」に変わる可能性があることに注意が必要だ。

　そもそも管理規約や使用細則は、マンションの住人同士が快適に暮らすために決めたルールに過ぎない。したがって、「現状にそぐわないという意見が大宗を占めたら、法令に抵触すること以外はいつでも変更できる」ということを覚えておきたい。

　もう1つ、こうしたルール変更が不動産会社に伝わっていない事例が散見されるので注意してほしい。基本的には、仲介する不動産会社が管理会社や管理組合に重要事項調査報告書を依頼し、ルール変更の有無等を確認の上、説明するよう義務付けられているが、タイミングなどにより不動産会社に伝わっていないケースは少なくない。「ペット不可だと思って購入したのに、違っていた」といったトラブルに巻き込まれないように十分注意したい。

ペット関連は管理規約・使用細則で確認

　マンションを購入するにあたり、「ペットと暮らすことが条件」、あるいは「ペットアレルギーなのでペット禁止が条件」など、ペット飼育の可否は契約判断に重要な影響を及ぼす。したがって、不動産会社に聞くだけでなく、自ら購入を検討しているマンションの最新の管理規約や使用細則を必ず閲覧して確認すること。一般にペット飼育を認める場合は、その旨を「管理規約」に明記し、「使用細則」で飼い方のルールが規定されている（**図表6**）。

図表6　ペット飼育に関する細則の記載例

飼育できるペットの種類、大きさ	飼えるペットの種類。たとえば、犬・猫、観賞用の小鳥や魚など。大型犬は不可、体長○センチメートル以内ならＯＫなどの具体的な基準。
ペット数	「１世帯あたり２匹まで」など、飼育できる数を規定。
ペットが出入りできるエリア	「ペットを連れて出入りするときは裏口を使う」「廊下や階段などは抱っこをするかカゴに入れる」「専用エレベーター以外は立ち入らない」などを規定。
飼い方のマナー	「抜け毛が広がらないよう共用部分ではペットを抱きかかえ、毛づくろいをしない」「排泄物の放置の禁止」などを規定。

ペット飼育届けの有無を確認

　ペット飼育可のマンションを購入する場合、管理がきちんとされているかが重要なポイントになる。様々な人が住むマンションでは、ペットが苦手な方やアレルギーの方もいるため、「最大限配慮されている」ことがトラブルを回避し、快適なマンションライフにつながるからだ。それを見極めるには、まずは「ペット飼育細則」があるかどうかを確認し、ある場合は飼育できるペットの種類、大きさなどについてきちんと確認したい（**図表6**）。ペット飼育可とはいえ、その種類や大きさ、飼育数に制限がない場合、トラブルに発展しかねないからだ。たとえば、大型犬を多頭飼育したり、猛毒を持った爬虫類を飼うような方もいるので、事前にチェックしておきたい。

次に、「写真貼付けのペット飼育届」の提出が義務づけられているかも確認したい。たとえば抜け毛やふんの放置などのトラブルの際、写真の貼り付けがあれば管理組合で把握し、素早い解決に結びつけることができる。

また、飼育届には「ペットを飼い始めたときだけ」「亡くなったときにも提出」「1年に1回定期的に提出」など様々なパターンがあるが、たとえば子犬は成長すると容姿が変わる。そうしたリスクもあるので、飼育開始時だけでなく定期的に提出させるルールがあれば安心だ。

ほかにもマンションによっては、ペット飼育者全員を会員とする「ペットクラブ」や「ペット飼育委員会」を設置し、そこがマンション内でのペットトラブルの解決窓口になっていたり、ペット飼育住戸がわかるよう玄関などにステッカーやシールの添付を義務づけているマンションもあるので確認したい。

最近は、トリミングルームを設置したり、エレベーター内にペットが乗っていることがわかる表示ランプを付けるなど、新たな対策を講じたマンションも出てきている。いずれにしてもペット飼育をする方、しない方の両方が納得して快適に住めるルールが整っているかの確認は必ずしてほしい。

上階から下階まで隈なくチェックする

■掲示板はマンションの情報庫

現地に行く際には、内見予定の部屋とその階だけでなく、上階から下階までしっかりと見る必要がある。たとえば、廊下などの共用部分にプランターや灯油のポリタンク、自転車、傘などが立てかけてあれば、災害時の避難経路や消火活動の妨げになる可能性が高い。また、館内にタバコの吸い殻が落ちているようなら、防災上問題なので状況をしっかりチェックしたい。

次にマンションを外から見て、「バルコニーにBSアンテナや放置物がある」「禁止されているのに布団などが干してある」場合も要注意。明らかにマナー違反の住人がおり、管理組合が機能していない可能性が高いからだ。こうした事項については、管理規約の禁止事項や使用細則で確認できる。

掲示板での貼り紙も必ず確認したい。掲示板の注意喚起の内容は、そのマンションで起こっているトラブルの写し鏡ともいえるからだ。現地に行く際は、エントランスや掲示板、エレベーター内などに注意文がないか必ず確認しよう。

■ゴミ置場、品位ある注意文

現地に行った際には、必ずゴミ置場や裏口、中庭などを一周することをおすすめする。具体的には、「ゴミ置場にゴミの収集日やルールが掲示されているか」「不燃物や資源ゴミなどのコーナー、分別ケースがあるか」など、ゴミ置場の環境が整えられているかどうかを確認する。たとえば、「きれいにお使いいただき、ありがとうございます」など、使う側が自然に「きれいに使わなきゃ」と思えるような文面の注意喚起など、外部の人にもマンションの品位を疑われないよう配慮した物件はおすすめだ。

外部にあるゴミ置場の場合は、カラスや猫よけ対策があるかも確認したい。ほかにも「ゴミ置場のゴミが散乱している」「ゴミ置場や館内に古い家具や壊れた家電、埃だらけの自転車が山積みになっている」場合は要注意。ゴミ捨てのルールを守らない住人が住んでいる証しだ。

ゴミに対する意識啓発や管理が行き届いているかも確認したい。たとえば、「掲示板などに地方自治体のホームページからダウンロードしたゴミ捨てに関するルールが貼り出されている」「エレベーターの操作盤の近くなど、誰もが目を止める場所に掲示されている」「紙の表面にフィルムを貼るラミネート加工が施されている」ようなら、管理が行き届いていると見て間違いない。

もう1つ、管理員さんに引っ越しする際のルールやゴミ出しについて質問してみるのも有効だ。引っ越しルールや捨て方をきちんと案内してくれるようなら、ルールが明確かつ徹底されていると見て間違いない。

管理組合と管理会社（全部委託、一部委託、自主管理）

前述した通り、今や「マンションは管理を買え」といわれるほど、管理の重要性が注目されている。その管理を担うのが管理組合だ。快適な共同生活ができるよう建物や設備の維持管理、財産管理などを行う。一般にマンションを購入すると、すべての区分所有者が管理組合の一員になる。つまり、管理組合が機能しているかどうかで、住み心地や資産価値は大きく変わるということだ。

本来、自分たちのマンションの管理は、自分たちで行うのが原則だが、マンション管理は複雑で、専門的な知識を要する案件も少なくない。そもそも多様なライフスタイルが当たり前になった現代人にとって、共通の時間に集まって活動することが難しい状況にある。そこで管理組合は管理会社に管理業務を委託することで、負担を軽減させているわけだ。以下、管理組合と管理会社について説明しよう。

購入すると組合員になる

集団で住むマンションの場合、「マンションを購入した区分所有者全員が共同で管理する」というのが原則。管理組合は、そのために設置される組織で、様々な課題

図表1　管理組合の概要

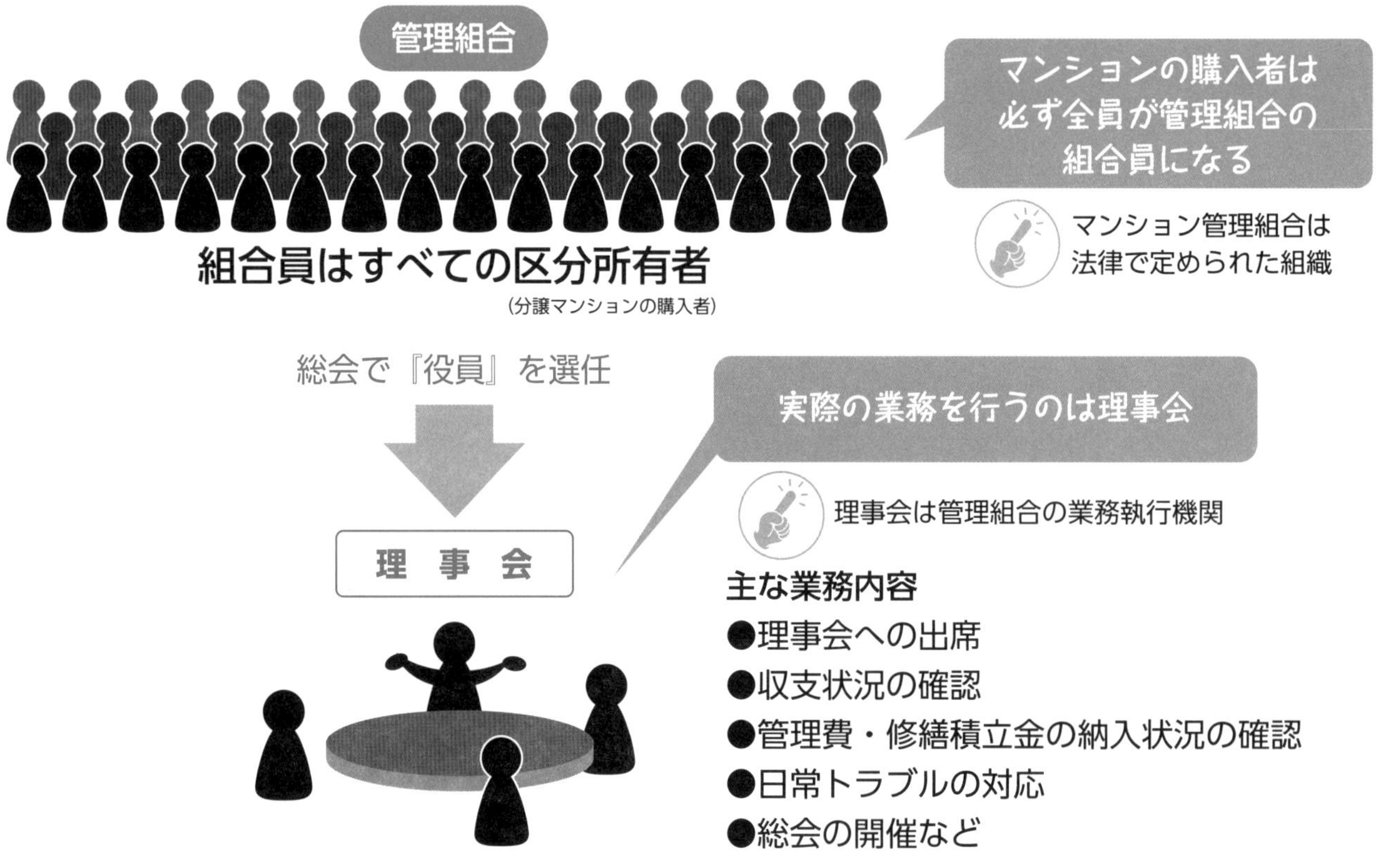
管理組合
マンションの購入者は必ず全員が管理組合の組合員になる
マンション管理組合は法律で定められた組織
組合員はすべての区分所有者
（分譲マンションの購入者）
総会で『役員』を選任
実際の業務を行うのは理事会
理事会は管理組合の業務執行機関
理　事　会
主な業務内容
●理事会への出席
●収支状況の確認
●管理費・修繕積立金の納入状況の確認
●日常トラブルの対応
●総会の開催など

図表2　管理組合と管理会社の関係

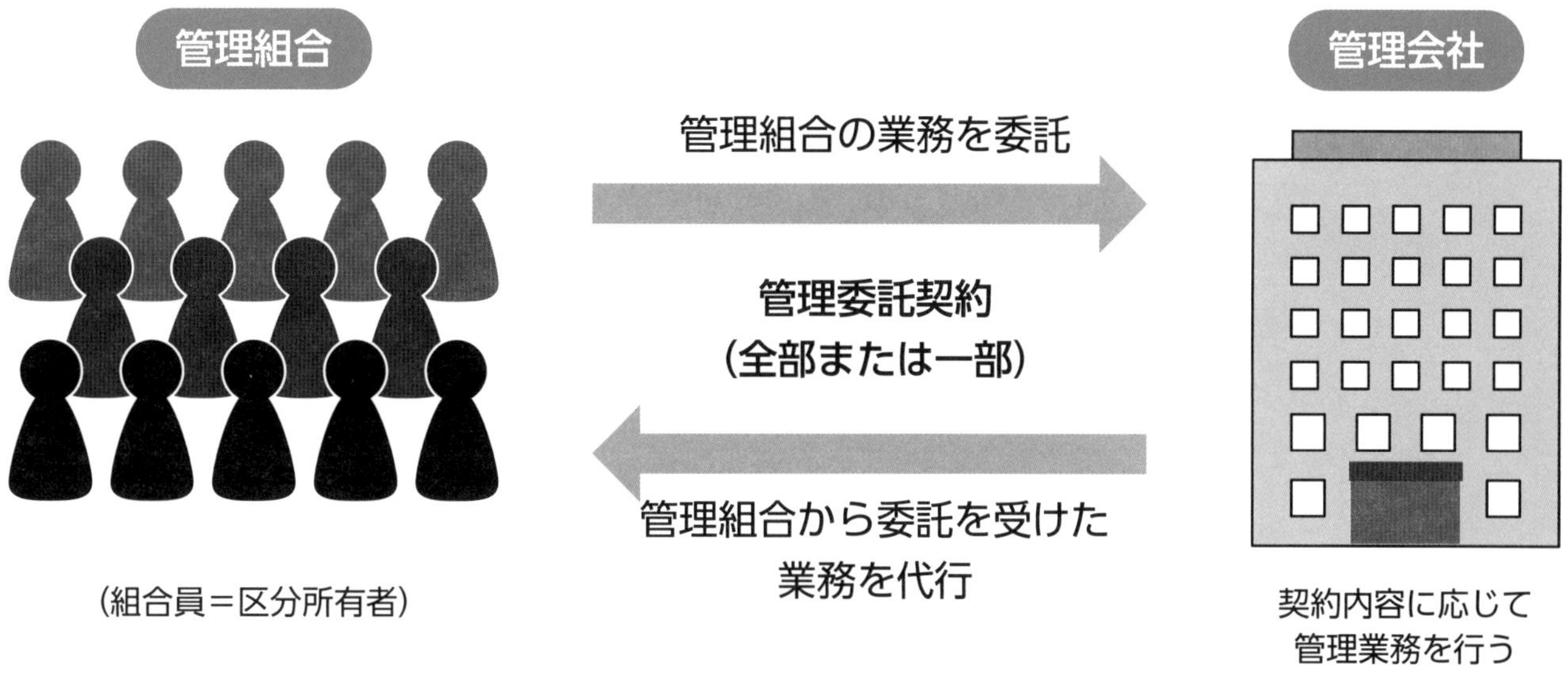

図表3　管理委託のメリット・デメリット

	自主管理	一部委託管理	全部委託管理
メリット	・一部委託、全部委託より管理費用を削減できる ・管理に対する意識が高まる ・居住者間のコミュニティを形成しやすい	・全部委託より管理費用を削減できる ・自分たちで管理の選択ができる ・管理に対する意識が高まる	・管理組合の負担が軽くなる ・緊急時に迅速な対応ができる ・最新情報やサービスの提案を受けられる ・安定性、継続性がある
デメリット	・管理組合の負担が増える ・理事の能力に依存 ・理事と業者間での癒着が懸念される ・緊急時における迅速な対応に不安 ・最新情報を得にくい ・安定性、継続性に乏しい ・資産価値を低くみられることも	・管理組合の負担が増える ・理事の能力に依存 ・理事と業者間での癒着が懸念される	・管理費用が高くなる ・管理会社任せになりがちになる ・管理に対する意識が希薄になる

に対して全員の意思を尊重することを旨に最終的な決定をする。ただし、「組合員全員が集まって話し合いをする」というのは非現実的なので、組合員の中から代表として総会で選任された役員による理事会が業務を行うことになる（**図表1**）。

なお、売却により区分所有者でなくなったときは、その時点で組合員の資格を喪失する。区分所有権の得失と組合員としての資格の得失は同時に行われるもので、管理組合の活動が面倒だからといって、任意に加入や脱退はできないことに注意が必要だ。

管理は委託できる？

自分たちだけで管理することもできるが、現状約9割が管理会社に何らかの業務を委託している（**図表2**）。委託する業務はまちまちで、その程度によって「自主管理」「一部委託管理」「全部委託管理」の3つに大別される。

それぞれの概要およびメリット・デメリットは、以下の通り（**図表3**）。

■自主管理　管理会社に委託せず、管理組合だけで管理を行う方式。専門性が高い点検などは、管理組合が専門業者と直接契約を交わし行わせる。

■一部委託管理　管理組合ができるものは管理組合が行い、専門性を要する一部の管理を管理会社に委託する方式。最近は、自主管理から事務管理業務（基幹事務のみ）を管理会社に委託するケースも見受けられる。

■全部委託管理　管理会社に委託できるすべての管理業務を委託する方式。現在、多くのマンションが、この全部委託管理方式を採用している。

図表4　管理業務の種類

事務管理業務	出納・会計・管理運営
管理員業務	受付・点検・立会、報告連絡相談　等
清掃業務	日常清掃・定期清掃
建物・設備管理業務	エレベーター・消防設備　等

なお、管理会社が代行してくれる業務を「管理業務」という。具体的には、①事務管理業務、②管理員業務、③清掃業務、④建物・設備管理業務の4つに大別できる（図表4）。

管理会社と上手につきあう2つのポイント

管理会社と上手に付き合うには、具体的に何に注意をすればいいのだろうか。

1つは、管理会社との連絡系統をきちんと整理し、意思疎通をスムーズにすることだ。たとえば、ある連絡事項は理事長からフロント担当者に伝えられるのに、別の連絡事項は他の理事から管理員経由でフロント担当者に伝えられたらどうだろう。連絡を受けた管理会社だけでなく理事長も混乱してしまう。当然、フォローが遅れる。

そうしたリスクを避けるためには、たとえば管理組合の運営に関することはすべて理事長に連絡することとし、理事長に連絡がつかない場合に限り、フロント担当者が副理事長や理事に連絡する。また、清掃などの日常業務に関する依頼は、理事長を経由せず管理員から直接連絡するなど、連絡（指示）系統を決めておけば、互いの意思疎通を円滑にすることができる。また、トラブルが発生したときの連絡先、日常的に連絡がつきやすい時間帯や手段（電話・メール・回覧板等）などについても、双方でしっかりと確認しておけば安心だ。

2つ目は、管理会社と契約内容について定期的に再確認すること。具体的には、エレベーターなどの設備点検の内容・回数、管理員の勤務時間や業務内容、フロント担当者による総会や理事会への支援業務など、各業務が契約で取り決められている内容と齟齬がないか確認したい。パートナーである管理会社の業務範囲と責任の所在を明確にすることが、結果的に管理会社と上手に付き合う「よりどころ」になるということだ。

特にマンションの管理は、機密情報に触れることが多いため、管理会社の従業員には、厳格な守秘義務が課せられている。また、管理会社から管理事務を第三者（各種専門業者）に再委託されることも多い。その場合は「管理会社は業務に関して知り得た秘密を漏らしてはならず、使用人等でなくなった後も同様とする」「万が一再委託先で何かトラブルがあった時、その責任は管理会社が負う」といった条項があるかどうかもきちんと確認しておきたい。

なお、「上手な付き合い方」の「上手な」とは、管理会社と「仲良く」「トラブルなく」という意味ではない。あくまでも管理委託契約の中で保守点検などの内容が適切かどうか、管理組合が主体性をもって管理会社と連携しているかどうかが基本である。

つまり、管理会社とのコミュニケーションを円滑に行い、管理業務の範囲と責任の所在を明確にしておくだけで、管理会社とのつきあい方はかなり改善されるはずだ。これからマンションを購入する予定があるのなら、管理状況だけでなく、管理会社の情報も確認して判断することをおすすめする。

なかには「管理会社に騙されてはいけない！」と契約内容を超えた要望をする事例も散見されるが、筆者の経験則上、「日頃の管理業務に進んで協力する」「感謝の気持ちを伝える」など、お互いに気持ちよい環境を整える方がうまくいくことが多い。管理会社はパートナーであり、感謝の気持ちを伝えることでモチベーションは上がるということだ。

第4章

中古マンションの買い方

中古マンションの購入は手続きの流れを理解しておくと、お得な賢い買い方ができる。またネットでの物件の探し方や見方、不動産会社との物件の探し方や接し方なども大切になる。うまく利用して満足のいく中古マンションの買い方を見つけよう！

中古マンションの「買う」から「買った」までの流れ

中古マンションの「買う」から「買った」までの流れを見ていく。大きくは4つの段階に分かれる。第1段階は①購入準備、第2段階は②物件案内、第3段階は③売買契約、第4段階は④残金決済・引き渡しとなる。細かくは**図表**の通りである。各段階とも多くの手続きを踏んで進めていくことになる。

購入準備は資金計画が重要！

まず、購入準備では、購入条件や希望条件の整理を行う。価格やエリア、面積、階数、間取り、設備などである。家族で意見が分かれる場合は優先順位をつけていく。その上で不動産会社に購入相談を行い、希望する条件で購入できるのかを不動産会社の視点で整理してもらう。そこで整理できたなら資金計画に移る。自己資金等で問題なく購入できるのか、住宅ローンを借りる場合は毎月の返済額はいくらかを試算してもらう。マンションの場合は管理費や修繕積立金もあるので、住宅ローン以外にも毎月2～3万円ほどかかることを想定しておこう。

購入対象となるマンションの売買価格がイメージできたらようやく物件案内となる。

物件を見る時はできるだけ隅々まで見る

物件案内では、自身でもスーモやホームズなどの物件情報ポータルサイトを利用しつつ、購入条件にあったマンションを探していく。不動産会社からの物件紹介もあるので、気になるマンションがあれば不動産会社に連絡をして物件案内を受けよう。物件案内では不動産会社の営業担当者と一緒に部屋を見てみる。できる限り隅々

第4段階　残金決済・引き渡し

2カ月程度

住宅ローン本審査 ▶ 契約解除期限 ▶ 金銭消費貸借契約の締結 ▶ 自己資金・諸費用の用意 ▶ 不動産内外の確認 ▶ 残金決済・引き渡し ▶ 引越し ▶ リフォーム・新築工事 ▶ 契約書類の保管 ▶ 住宅ローン控除の申告

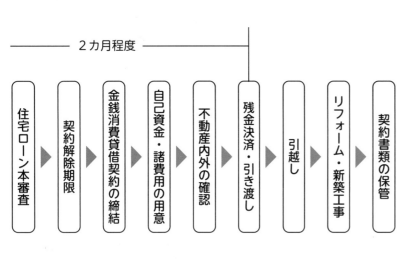

まで見て、売主がいるようなら買い物の利便性など見てわからない点を確認する。そこで気にいれば、再度資金計画をして購入申し込みを入れる。希望する条件があれば不動産会社を通じて売主側へ伝える。同時に、住宅ローンを組む場合は事前にローン審査を行い承諾を得て、売主側との交渉をし、条件承諾を得られれば日程を決めて売買契約へ進んでいく。

本審査は必要書類が多いので注意

売買契約では、建物の状態が気になる場合は建物状況調査など各種検査を依頼する。問題があればその対応策を不動産会社に相談する。また、売買契約日の2日前までには売買契約書と重要事項説明書を入手して購入条件が反映されているか、勘違いしている点がないかの事前確認を行う。

重要事項説明書とは宅建業者（不動産会社のこと）が買主に購入不動産での重要な事柄を説明する書類のことである。物件案内時にはわからなかったことも書かれてあるので事前確認が必須となる。

いよいよ売買契約をする時は重要事項説明書や売買契約書、その他書類を読み合わせて確認し、問題がなければ署名捺印をする。そして、手付金を支払えば売買契約は締結となる。最後は、残金決済・引き渡しとなる。

売買契約締結後に住宅ローンを組む場合は、すみやかに本審査を行う。本審査は必要書類が多いので注意する必要がある。本審査が通過したら、自己資金や諸費用を用意して残金決済等の日程を売主と決める。その上で、金融機関で金銭消費貸借契約（お金を借りる契約）を締結する。

売主の引っ越しが終わった後に室内の確認を行う。不要な物が置かれていないか注意深く確認し、問題がなければ残金決済等を行おう。そして、所有権移転登記の手続きを行い、売主へ残代金を支払った後、鍵の引き渡しを受ければ手続きは完了である。

以上が「買う」から「買った」までの流れとなる。おおむね3カ月程度はかかるので、忙しい時期を避けて進めた方がよいだろう。

図表 中古マンション購入の流れ

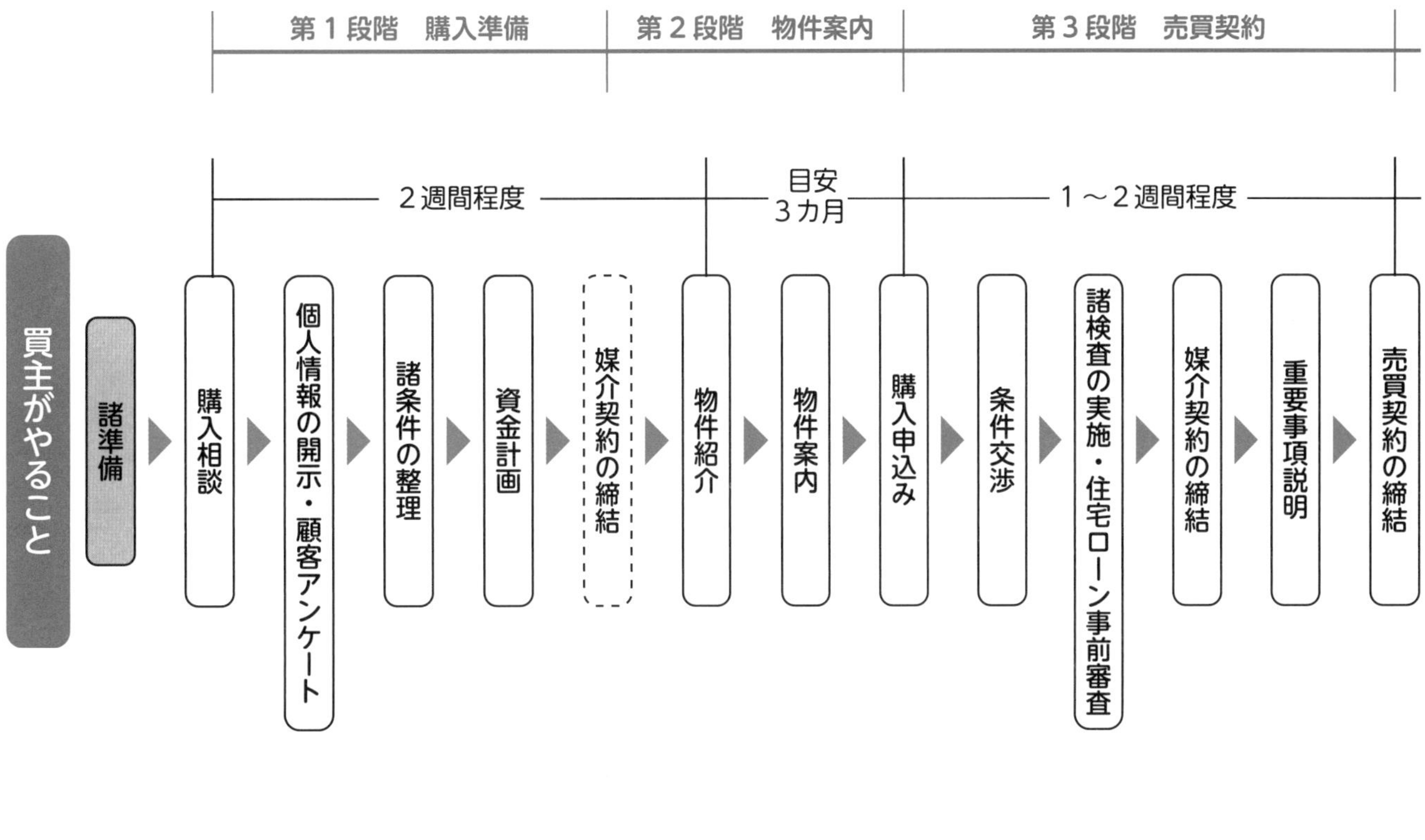

ネットでの中古マンション情報の探し方、見方

中古マンションを探す際は複数のポータルサイト見るとよい

中古マンションを探す際にはネットで探す方が便利で確実である（**図表1**）。広告までの流れは、①売主の売却依頼→②依頼を受けた不動産会社でのネット広告→③チラシ配布→④他不動産会社への情報流通という順で、一般的にはネット広告を確認して行った方が早く中古マンション情報を取得できる。

ネット広告は、①物件情報ポータルサイト、②各不動産会社のホームページ、③その他の3つがある（**図表2**）が、スーモやホームズ、アットホームなどの大手物件情報ポータルサイトを万遍なく見ていれば、今、市場にある物件情報を得ることができる。どの不動産会社も自社ホームページの他に、物件情報ポータルサイトも広告として重視しており利用しているからだ。ただ、物件情報ポータルサイトだけでは不十分で各不動産会社のホームページも優先的に広告されることがあるので、物件情報ポータルサイトのみならず地元や気になる不動産会社のホームページも併用して見ておきたいところである。なお、スーモ、ホームズ、アットホームなどの物件情報ポータルサイトによって情報提供する不動産会社が異なることがあるので、1つだけではなく複数のポータルサイトを見ておいた方がよい。

物件情報を見る時は、面積が壁芯か内法かも見よう

物件情報では、①エリア、②価格、③面積の3条件で希望条件を打ち込んで検索をかけていく。検索をすると物件情報の一覧が出てくるので、間取りや外観写真などを見て気になる物件があれば個別に詳細を見ていく。

まず価格は売主が個人であれば消費税はかからない。反対に、法人など課税事業者の場合は消費税がかかるため、消費税を含めた税込価格となっている。

さらに、面積は壁芯（お隣との戸境壁の中心線で面積を計算する方法、主にパンフレット上での面積）、内法（戸境壁の内側で計算する方法、登記上での面積）の2つがあり、面積が大きくなる壁芯で登録することが多いが、内法で登録していることもあるため、注意しなければならない。また総戸数も確認したほうがよい。戸数が少ないと住宅ローンの審査が厳しくなることがある。一般的には20戸未満だと厳しくなる傾向があるので、その点を含めて検討したほうがよい。

築年数を見る時は、旧耐震基準か新耐震基準かも確認しよう

管理費と修繕積立金も確認したほうがよい。戸数が少ないと管理費や修繕積立金は高くなる。戸数が多いとその逆になる傾向がある。ともに安い方が買いやすいが、修繕積立金は足りないと将来一時金名目で徴収をされたり、必要な維持修繕工事ができなくなりマンションの資産価値が損なわれる恐れがある。そのため、築年数と戸数を他の同様の物件と比べてみて安すぎないか注意が必要である。築年数は震度5でも建物が倒壊しないとする旧耐震基準か、震度6～7でも倒壊しない新耐震基準かを見る。1981年（昭和56年）5月31日までの建築確認なら旧耐震基準で、それ以降は新耐震基準となるので、昭和56年までなら旧耐震、57年～58年築はグレー、58年以降なら新耐震と当たりをつけて見ていく。正確に判断をする

図表1　ネット広告の情報が早い理由

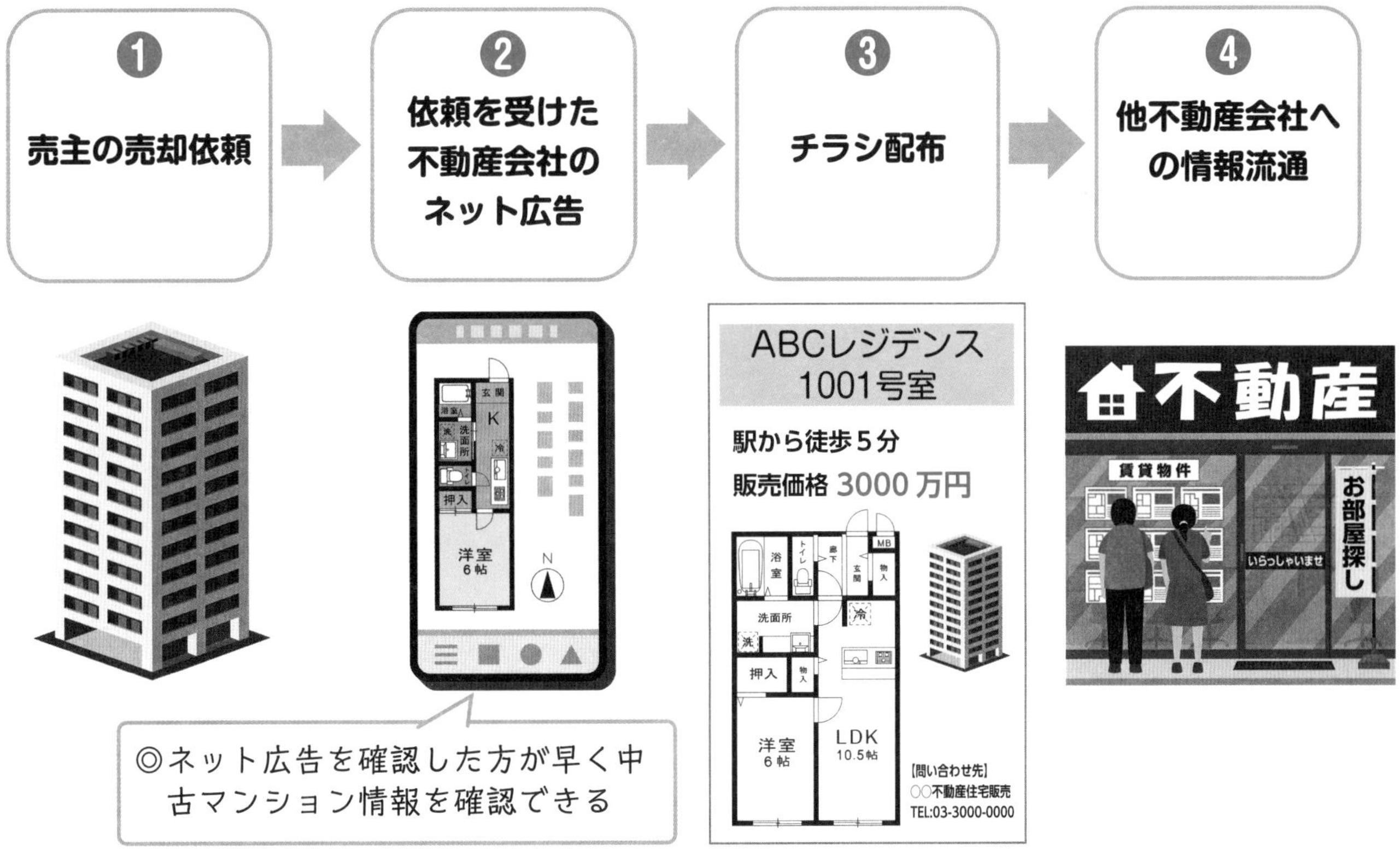

図表2　ネット広告の種類

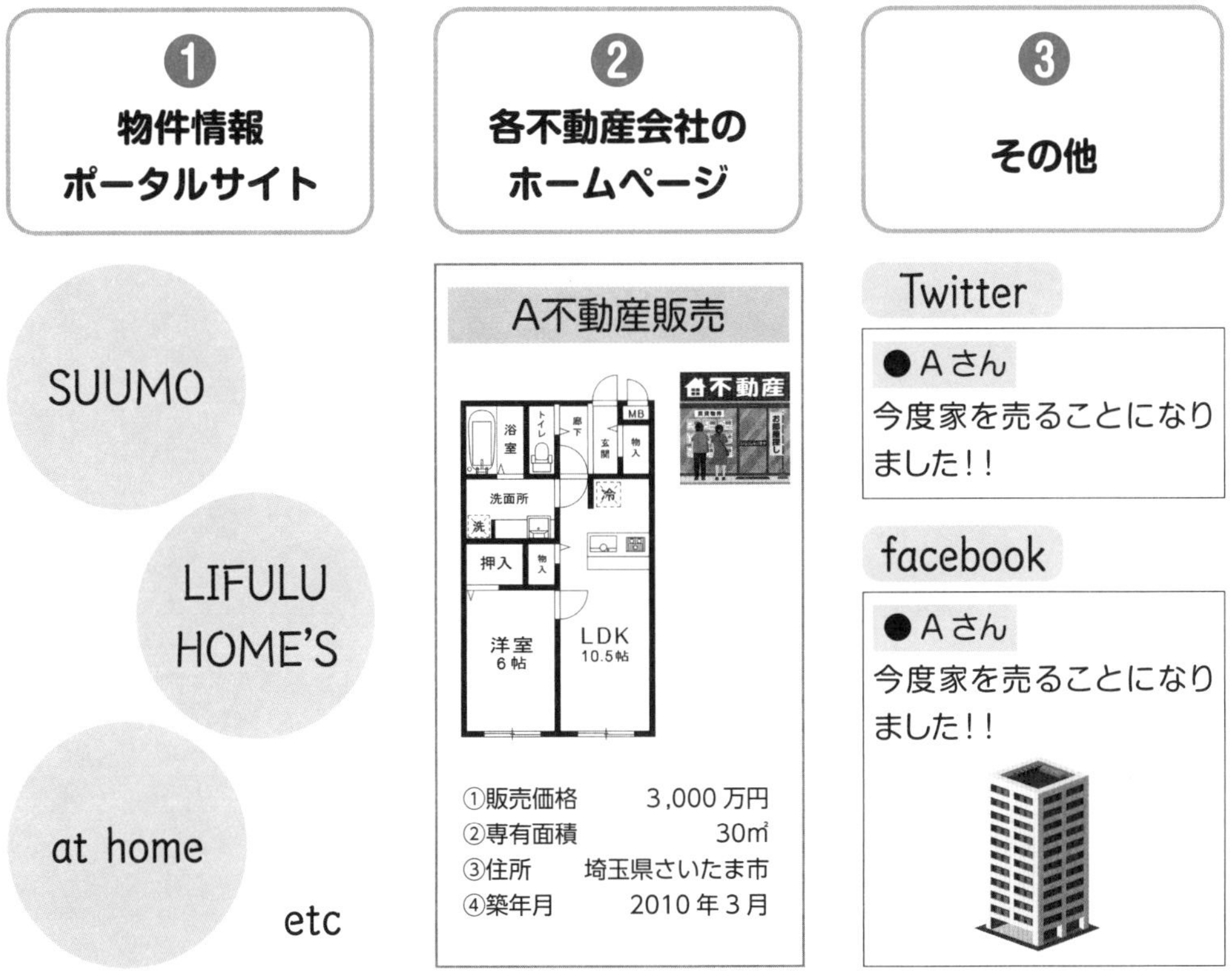

なら不動産会社へ問い合わせするのがよい。その他、リフォームの有無や、別にかかる費用などもチェックしたほうがよい。

複数の不動産会社で掲載をされている場合は、売主から直接依頼を受けている会社への問い合わせが希望条件にあった交渉をしてくれるので望ましいが、わからないならサポートが充実している会社でもいいかもしれない。

不動産会社との不動産の探し方、対応方法

よい物件選びはよい営業担当者を選ぶこと！

インターネットでの物件情報と同時に不動産会社と営業担当者も探して物件情報の紹介依頼をしていく。物件情報はインターネットで事足りるかもしれないが、売買が満足できるものか、スムーズに行くかどうかは不動産会社、営業担当者次第の面もある。そのため両面から進めていくのが得策となる。

そこで、まず不動産会社と営業担当者を選ぶことになる。ストレスなく進めるには、相性の合う営業担当者を選ぶのが1番スムーズだ。何人かの営業担当者と話をしてみて選んでみるとよい。

ただ、相性だけでは不安ということであれば、次の3点で選んで見るのもよい（**図表**）。

①購入検討者の立場に沿って物事を考えられるか、②不動産の知識を一定以上有しており実務スキルとして利用できるか、③専門用語が多い知識やスキルを購入検討者にわかりやすく伝えられるか、この3点で判断する。

①は購入検討者の話を希望や条件を最後まで聞き取り、質問にも的確に答えてくれるかで判断できる。そもそも最良の物件選びは購入検討者自身の中に答えがあるので、しっかりと話を聞き、それらを整理して優先順位をつけていかないと、「よい物件ですね」と言われる物件を選定できない。購入検討者の立場に沿って物事を考える能力は必須と言える。

②は購入手続きやローン、資金計画を相談してみると一端が見えてくる。ともに不動産知識が必要であり、かつ実務スキルも必要だからである。「上司に相談してきます」では若干頼りない。そもそも物件情報も本当に最適なものなのか心もとない。

③はアドバイスでわかる。例えば「第一種低層住居専用地域で高さ10mまでの建物しか建ちませんので、日当たりも確保できます」など、購入検討者でもわかりやすく、専門用語の説明とプロの見解と「なぜそうなのか？」という根拠を示してくれるかどうかである。また購入検討者の解釈や判断が間違っていることを指摘する担当者もよい。

物件選びで何を一番重視するかを営業担当者と共有することが重要

このように営業担当者を選んだら、物件情報を依頼する。その際に、エリアや広さなどの物件に関する希望条件と、予算感や自己資金、住宅ローンを組むなら年収や勤務先、他の借入状況など自身の属性や予算条件について伝える。物件に関する希望条件は優先順位を付けて伝えるか、営業担当者と相談しながら優先順位を整理していくのでもよい。何を一番重視するかを営業担当者と共有しておくことが最良の物件情報を得るために必要である。また、自身の属性や予算条件について伝えるのをためらう方がいるが、営業担当者としても本当に買う方かどうかで物件紹介の熱意が変わってくる。必ず伝えて「よい物件があれば買いたいので紹介してください」と伝えるのが得策である。

続いて物件紹介の方法について決めておく。物件情報をメールか、それとも郵送でいただくのか、もしくは、電話で簡単に紹介でよいのかなどである。

また、連絡する時間帯について希望があれば伝えておく。夜がよいのか、それともいつでもよいのかなどである。

同時に案内の予約についてもある程度決めておくとスムーズである。土日の10時～18時までなら物

図表　よい営業担当者の選び方

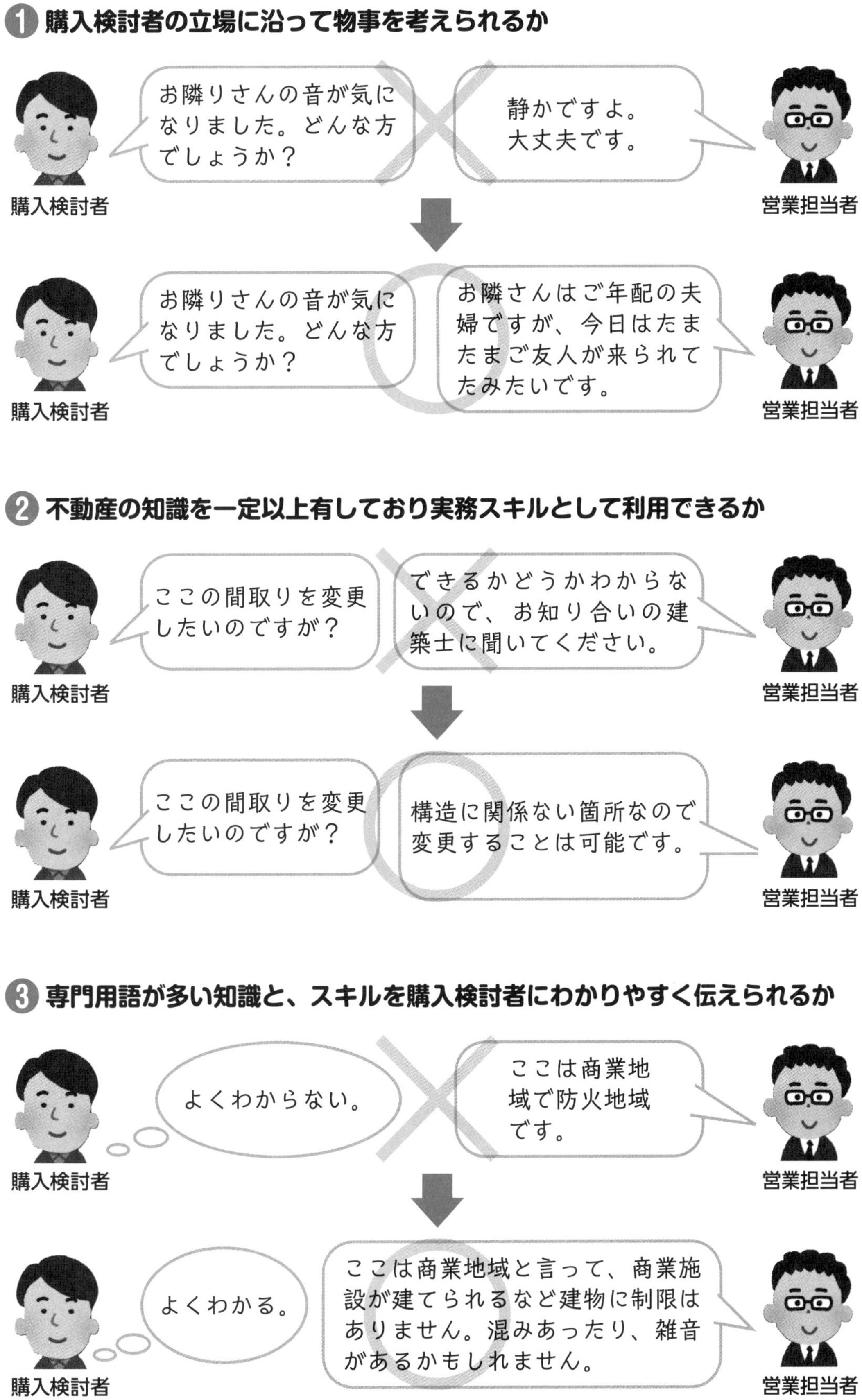

❶ 購入検討者の立場に沿って物事を考えられるか
お隣りさんの音が気になりました。どんな方でしょうか？
静かですよ。大丈夫です。
購入検討者
営業担当者
お隣りさんの音が気になりました。どんな方でしょうか？
お隣さんはご年配の夫婦ですが、今日はたまたまご友人が来られてたみたいです。
購入検討者
営業担当者
❷ 不動産の知識を一定以上有しており実務スキルとして利用できるか
ここの間取りを変更したいのですが？
できるかどうかわからないので、お知り合いの建築士に聞いてください。
購入検討者
営業担当者
ここの間取りを変更したいのですが？
構造に関係ない箇所なので変更することは可能です。
購入検討者
営業担当者
❸ 専門用語が多い知識と、スキルを購入検討者にわかりやすく伝えられるか
よくわからない。
ここは商業地域で防火地域です。
購入検討者
営業担当者
よくわかる。
ここは商業地域と言って、商業施設が建てられるなど建物に制限はありません。混みあったり、雑音があるかもしれません。
購入検討者
営業担当者

件見学ができるとかである。物件見学の予定を調整するのは時間がかかり、タッチの差で見られず他の方が成約してしまうこともある。そのため営業担当者に多少スケジュールを抑えるようなフリーハンドがあるとよい。

内見時に物件で見るべき点とやってはいけないNGごと

リフォーム等で変更できない箇所は必ず確認しよう

　内見で物件を見る際には「購入した後、住むイメージができるのか」を念頭に、①明るさ、②窓からの眺望、③広さ（面積と天井高）、など後日リフォーム等で変更できない点を中心に見ていく。

　特に住むイメージが湧くかどうかは重要だ。直感は信用できるので「ここに住んでみたい」「家族と楽しく暮らせそうだな」と、住むイメージが湧くようなら購入検討者にとって購入してもよい物件だと言えるだろう。反対にどんなによい物件でも「何かくつろげないな」「使い勝手が悪そうだな」などネガティブなイメージを持たれるなら購入を見送った方が賢明かもしれない。購入検討者にとって住みづらい物件であるに違いないからだ。

　ただ、これらのイメージも冒頭の①明るさ、②窓からの眺望、③広さを見てみないと湧かないので、しっかりと確認してほしい。住むイメージが湧けば、その上で④売主の人柄や態度、⑤すべての部屋、⑥設備の状況を一通り見て問題を感じなければ物件見学は終了となる。

物件を見に行く時はNG5原則に注意する

　また、内見の際には注意すべきNG5原則もあるので参考にして欲しい。その5原則は、①服装は最低限のマナーを守ること、②売主と直接交渉しないこと、③部屋の扉と収納は売主の許可を得てから開けること、④売主に不快な思いを抱かせる言動はしないこと、⑤質問しづらいことも質問すること、この5点（**図表1**）になる。

　まず、①服装が軽いとどうしても「本気で検討してもらえるのか」と売主も不安になる。売主も様々な人がいるので、フォーマルな服装でなくとも、無難な服装にすることが不可欠である。②売主との直接交渉はしない。後で言った言わないのトラブルや、その時約束をしてしまうと取り消すのが大変になる。価格や条件交渉はすべて不動産会社を通じて書面でやり取りを行うようにした方がよい。また、部屋には誰かいるかもしれないし、プライベートの物があるため、③部屋の扉と収納は売主の許可を得てから開けるようにしよう。④売主に不快な思いを抱かせる言動はつつしみたい。気にいって購入したいとなっても売主から「売りません」と言われるかもしれないからだ。少しでも価格交渉を有利に進めようと「少し汚れていますよね」「リフォームしないと住めないですよね」と言う方はいるが、それに対して売主は「そのとおりなので安くします」とは思わず、「こんなケチをつけてくる人には売りたくない」と思うのが関の山だからである。心証を悪くして得することはない。一方、売主の心証を悪くしないようにと購入において尋ねなければならないことを尋ねないのはNGだ。しっかり⑤質問しづらいことでも尋ねておく。それでも抵抗があるなら同行する営業担当者に聞いてもらうようにする。

売主の人柄と態度はしっかり見よう

　④売主の人柄や態度がしっかりしているようならば、メンテナンス等もしており設備などの故障も少ないだろう。また、隠し事などがあると態度がおかしい時もある。売主の人柄と態度はしっかり見ておきたい。⑤すべての部屋、⑥設備の状況で何か問題を感じたなら営業担当者に質問や対応方法を相談しておこう。床が傾いてい

図表1　物件を見に行く時の内見NG 5原則

❶ 服装は最低限のマナーを守る

➡本気で検討してもらえないと
売主に思われてしまうから
〈NG例〉
サングラス、短パン、ビーチサンダル等

❷ 売主と直接、価格や条件交渉をしないこと

➡トラブルになったり交渉がしづらくなるため
※一度双方で話がまとまってしまうと取り消すのが大変になる。
後で言った言わないのトラブルは避ける

❸ 部屋の扉や収納等は売主の許可を得てから開けること

➡売主の所有物であるため
※部屋に誰かいるかもしれないし、収納にはプライベートな
ものがあるから

❹ 相手に不快な思いを抱かせる言動はしないこと

➡部屋の良し悪しなどの評価や「汚れている」「狭く感じる」など
個人の主観に基づく感想等を語るのは案内中は避ける

❺ 質問しづらいことも質問すること

➡物件内見後だと質問しづらくなるので
※どうしても自分で聞きづらいことは同行する営業担当者に
聞いてもらう

図表2　物件を見に行く時に持参するもの

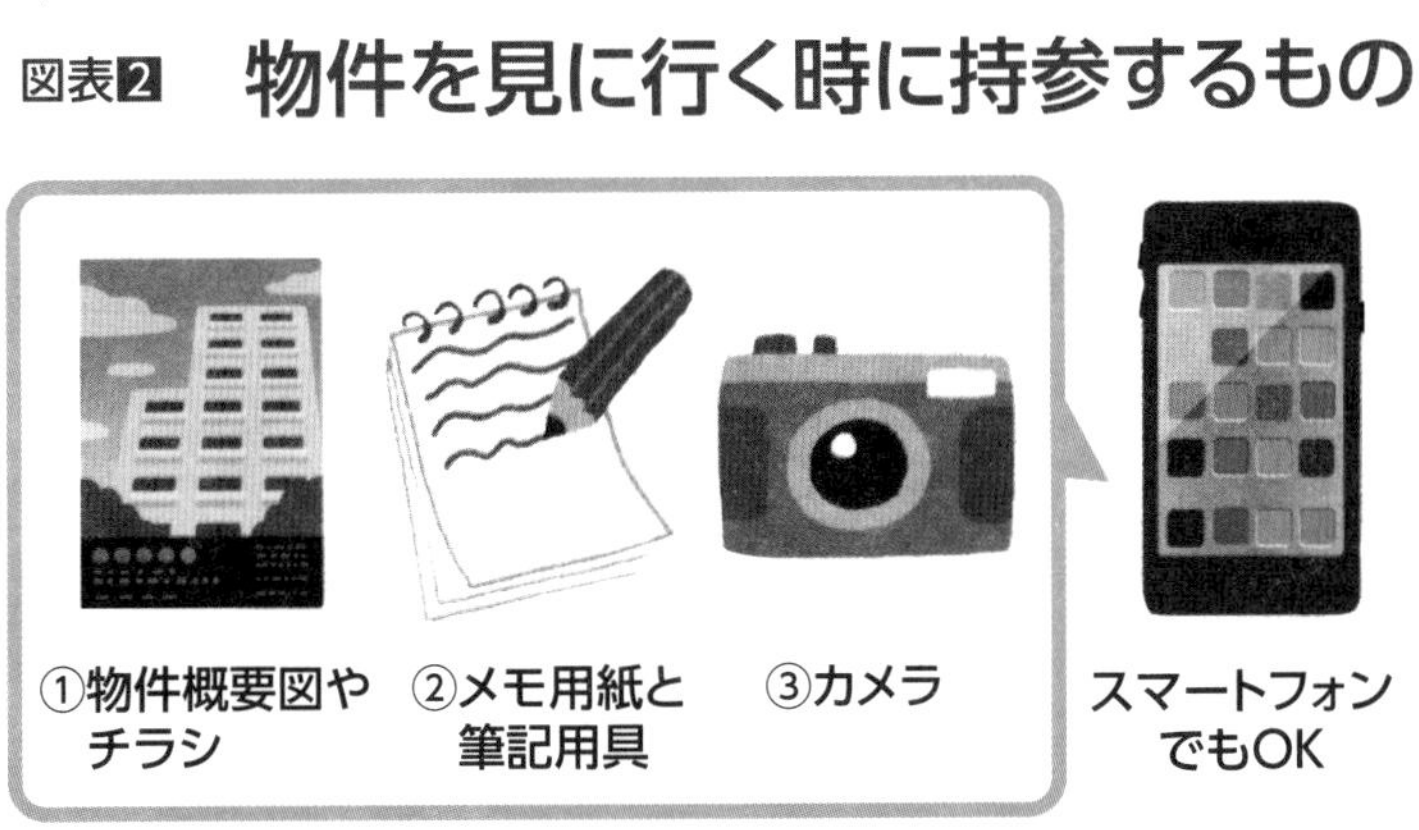

るような気がする、北側の部屋に結露が多い、設備が故障しているように見えるなど、解決方法に専門家が必要なら別途依頼をかければ十分だ。不動産や建物の知識はあるに越したことがないが、その代理として営業担当者や専門家がいるので、それを利用していこう。

なお、案内時に持参するものは①スマホ（撮影用）、②筆記用具ぐらいあれば十分だ。家具等が入るかを確認したいなら③メジャーも用意しよう（**図表2**）。

売買契約前は大忙し。スケジュールを把握しよう

住宅ローンを組む場合は購入後すぐ申し込む

物件見学が終わり、購入したいと考えたら購入申込書という書面に記入して不動産会社を通じて売主へ送付する。価格や契約条件交渉はあるが、他の購入検討者の動きもあるので、売買契約はおおむね1週間後に設定し、その間いろいろと売買契約へ向けて準備していくことになる（**図表**）。

準備は主に、①住宅ローンの事前審査（現金売買の場合は不要）、②専門検査の確認、③リフォームをするならその計画の確認、④売買契約書、重要事項説明書の事前確認、⑤物件周辺状況等報告書、設備表の確認、⑥必要書類の用意、この6点となる。

1週間前後のタイトなスケジュールの中で取り組むことになるが、どれも重要なことなので1つ1つ取り組んでいくとよい。

購入の際に住宅ローンを利用する場合は、購入申込後、すみやかに①住宅ローンの事前審査を行う。ネットでもでき、所要時間は2時間程度である。売買契約後に住宅ローンの審査が通らなかったということがないように、事前に確認するためである。なお、住宅ローンの審査には購入検討者の申告に基づき簡便な手続きで行う事前審査の他に、売買契約後に様々な書類を揃えて提出する本審査の2つがある。ただ、本審査は準備と結論が出るまで1～2週間と時間がかかるので、一般的には3～4日で結論が出る事前審査で対応する。

建物状況調査等は売買契約前に行う

この時期には必要に応じて専門家による建物状況調査、耐震基準

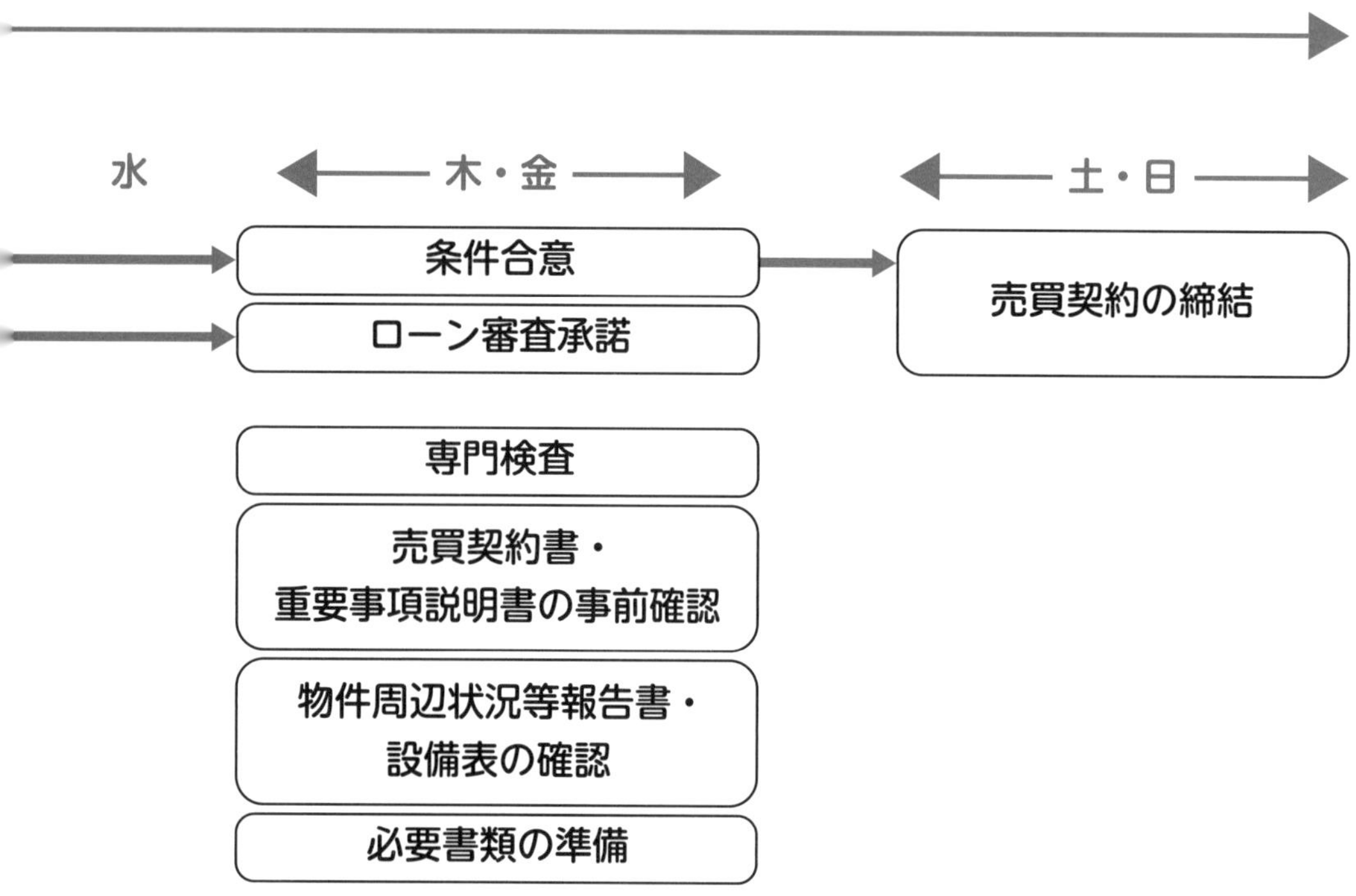

適合証明書の検査、既存住宅瑕疵保険検査、フラット35適合証明検査、この4つの②専門検査を行う。どれも契約条件に影響する検査だが、売買契約後に行うよりかは前に行う方がトラブルは少なくなる。ただし、1週間以内に検査をするのは急を要する。予約が取れないこともあり、場合によっては売主が拒否することも考えられる。そのため、事前に不動産会社を通じて売主側に伝えるとともに、売主側の負担にならないような手配が必要となる。

③リフォームをするなら計画や見積りを確認しておく。マンションの場合は使用細則で細かなリフォームのルールを決めている場合がある。それらの点で問題がないか、さらに見積額を見て購入しても問題がないかを確認しておきましょう。

重要事項説明書等も売買契約前に確認しておく

売買契約の2日ぐらい前までには④重要事項説明書と売買契約の事前確認をしておく。もし、修正や質問があれば事前に確認しておくべきである。マンションの場合は駐車場の利用なども注意深く確認しておきたい。売買契約当日に確認するのでも構わないが、「あれっこんな話ではなかったのに……」と思う内容が書いてあっても、当日相手がいる前で変更を要求するのは雰囲気的に気まずい思いがするものである。後でトラブルを避けるためにも、事前の確認をおすすめする。

同時に、⑤物件周辺状況等報告書、設備表を確認しておこう。前者はマンションの周辺や部屋の状況等について売主が説明した書類、後者は部屋の設備の故障状況や残置物について書かれている。ここに書かれている内容での売買契約となるので、目を通して納得がいかない点があれば指摘して改善等をしてもらう。

最後は売買契約時の⑥必要書類の用意となる。一般的な売買では実印（認印）、顔写真付き身分証明書（運転免許証等）、収入印紙、手付金となる。不動産会社からの案内にしたがって準備しておくようにしたい。なお、高額な収入印紙はコンビニでは用意していないところも多いので、事前に郵便局での購入が安心だ。

図表　購入申込から売買までの流れ

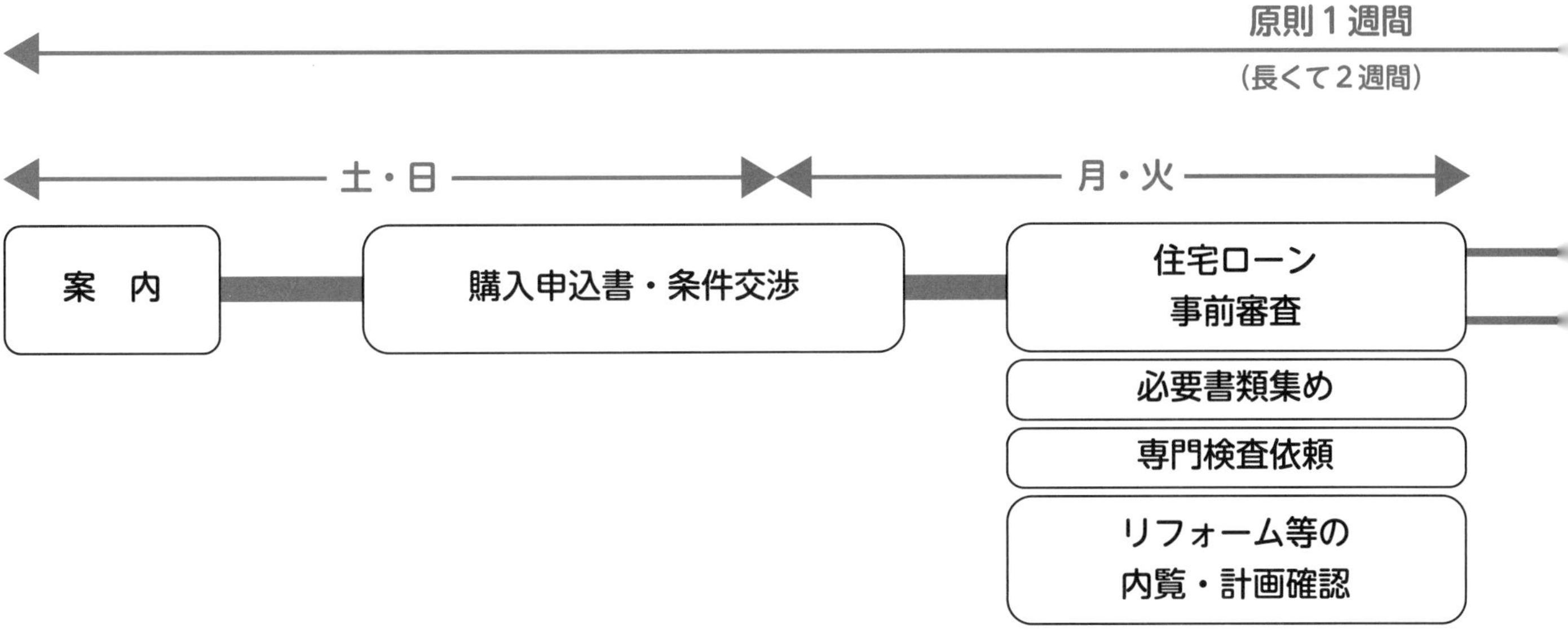

契約時には重要事項説明書をしっかり確認

重要事項説明書は購入前にしっかり確認する

重要事項説明書とは、不動産会社が買主に「このような内容の不動産では買わなかった」と不利益を被らないように知って欲しい不動産の現状をまとめた書類である。誤認して不動産を購入しないように事前に確認をして、わからない点は質問をして確認する。

重要事項説明書は宅地建物取引業法で定められた事項を中心に不動産の①取引範囲→②権利関係→③法令上の制限→④管理関係（区分所有住戸のみ）→⑤取引条件→⑥その他重要な事項という構成でまとめられている（**図表1・2**）。①から③までは専門用語が多く理解するのが難しいが、重要なので不動産会社に質問をしながらしっかりと理解するようにしたい。

ポイントは冒頭でも説明したとおり、「購入の意図に即した不動産かどうか」「購入することで想定していない事態に陥ったり、不利益を被らないか」の2つであり、この点を中心にして読んでいく。

その他重要な事項も忘れずに確認する

具体的には、①は説明をされた、もしくは考えている不動産の範囲と一致しているかを確認する。②権利関係は誰が所有者かの確認で、購入後に所有権を行使するのに問題がないのかどうか、③は希望する規模や内容で建物をつくることができるかを確認する。同時に再建築ができるのかどうかも確認する。④は区分所有住戸（俗にいうマンションのこと）のみだが、管理関係の情報を確認する。管理費や修繕積立金に滞納がないか、専用部分（部屋のこと）の利用に何らかの制限はないかなどである。他にも駐車場やリフォームのことが書いてあるので、関係する箇所ならしっかり確認する。

⑤取引条件は売買契約書の内容と一部重複するが、売買価格などの契約条件が記載されている。⑥その他重要な事項は上記①から⑤以外の不動産会社にとって「これは買主へ伝えておかないとトラブルになる」という事柄が書かれている。購入するかどうかに影響する内容が書かれていることが多い箇所なので注意して見てほしい。

各項目の内容をチェックする際には、①現況がどうなのか、②その根拠は何か、③自分への影響はどうか、という3つの視点で見ていく。

たとえば、不動産の土地面積は登記事項証明書によるもの、測量図によるものがあり、建物をつくる際には測量図の面積をベースにその規模や形状を判断することが多い。ただ、チラシや重要事項説明書に記載されている土地面積は登記事項証明書記載の面積が目につくことが多い（重要事項説明書では並列的には書かれている）。

そのため建物をつくる前提なら、書かれている土地面積（現状）は何を根拠にそう書いているのか（根拠）を把握し、買主の皆さんが希望する建物がつくることができるのか（影響）を判断する。

疑問に感じることは迷わず不動産会社に確認する

もし、売買契約当日に重要事項説明書の説明を受けるなら、契約を一時ストップさせ、後日延期をする勇気も必要である。「聞いていた内容と違う」「そうは思っていなかった」と感じたら迷わず不動産会社に相談しよう。相手に悪いなと思いながら、納得がいかない買い物をするよりもよほどいい。そうなった責任はすべて事前に書面で説明をしなかった不動産会社にある。遠慮はいらないのでしっかりと自分の意見を伝えよう。

図表1 売買契約の大まかな流れ

契約場所への集合・挨拶 ▶ 媒介契約の締結 ▶ クーリングオフの説明 ▶ 重要事項説明 ▶ 売買契約書の締結 ▶ 手付金の支払い ▶ 今後のスケジュール確認

図表2 重要事項の6つの確認事項

	留意する点	
ポイント	●購入の意図に即した不動産かどうか ●購入することで不測な事態に陥ったり、不利益が被らないか	
構成と内容	①取引範囲	不動産の対象範囲が記載されているので、考えている対象範囲と一致しているかを確認する
	②権利関係	不動産の権利とその内容が記載されているので、買った後所有権が行使できるかなどを確認する
	③法令上の制限	様々な法律上の制限が記載されているので、その制限内で購入意図を実現できるかを確認する
	④管理関係	管理に関係する事柄が記載されているので、勘違いや制限で購入意図を阻害されないかを確認する
	⑤取引条件	売買価格や取引条件、解除条件が記載されているので、勘違いがないかを確認する
	⑥その他の重要事項	宅建業者が買主に伝えるべき重要なことが記載されているので一通り確認する

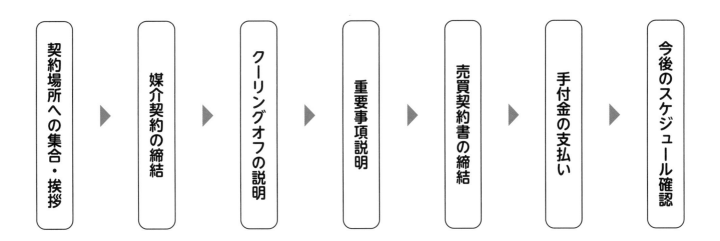

引き渡しまでには これだけはやっておこう

本審査から引き渡しまでは1カ月半から2カ月かかる

無事、重要事項説明書の説明と売買契約の締結が終わったら、①住宅ローンの本審査申込、②各諸検査、③残代金決済等に向けての各種手続き、引っ越しの準備、④残置物や室内の確認（売主の引っ越し後）、⑤引き渡し（残代金決済等）の手続きの順で準備をしていく。一般的なスケジュール感ではおおよそ1カ月半から2カ月ぐらいかかる（**図表1**）。

買主は、まず売買契約の締結後すみやかに住宅ローンの本審査に移る。課税証明書や納税証明書などいくつか取得すべき書類があるので、金融機関や不動産会社の指示を受けながら用意していく。

それが終わり、必要であれば適合証明書等の各諸検査を行う。建物の現状況を専門家で確認する建物状況調査や、耐震性の診断である耐震基準適合証明検査、住宅に瑕疵が生じた場合に保険が適用される既存住宅売買瑕疵保険、フラット35を利用する場合に必要な適合証明書の検査などである。本来であれば売買契約の締結前に行うが、スケジュール等でできない場合はこの時に行う。

続けて住宅ローンの本審査が承諾となったら、残代金決済等の各種手続きまで、次の流れで進んでいく。

①残代金決済等の日程調整と場所の確定、②金銭消費貸借契約の日程調整と書類準備、実際の手続き、③引越し業者との本契約、④賃貸住宅等の解約手続き（現自宅が賃貸借の場合）、⑤各インフラ会社への連絡届出（郵便局へ転送届　電気・ガス・水道会社への届出）、⑥自己資金の用意、⑦住民票の転出入、⑧残金決済等の準備（必要書類の用意）、⑨残金決済等の各手続きの順となる。なお、残金決済等やこれらの準備については平日の時間を確保する必要がある。忙しい時でもうまく時間をコントロールするとよい。

金融機関から借り入れする時は必要書類を必ず確認しよう

金銭消費貸借契約とは金融機関からお金を借りる契約のことだ。借入当事者が金融機関指定の店舗等で行う手続きで、流れは契約書の説明を受け、問題がなければ署名押印して締結するものである。店舗が空いている日時になるので、一般的には平日での手続きとなり、所要時間は1時間強から2時間ほど見ておいた方が無難と言える。必要書類は各金融機関や取引内容によって変わるので、詳細は必ず確認を取りたい。

これが終われば今度は売主の引っ越し後の残置物と室内の確認となる。不動産の現地に行き、契約時の設備表を見ながら置いていくと約束したものが置いてあるか、撤去するとしながらも残されているものがないかを見ていく（**図表2**）。もし、設備表など契約時の内容と異なるようであれば、残金決済時までには契約内容どおりに解消してもらうように売主へ伝えるとよい。

融資手続きは時間に余裕を持って進める

最後はいよいよ残金決済等の手続きになる。融資実行を含めてお金を振り込む残金決済、所有権移転登記、鍵などを含めた不動産の引き渡しを行う。不動産会社から必要書類の明示があるので、それらを準備して向かう。登記と融資の各手続きがあるため平日の午前中に行うことが多い。手続きはお金を振込む手続き、登記手続きなどで、1時間もかからないが、入

図表1　売買契約から残金決済までの流れ

買主

▶ **売買契約の締結**
▶ 住宅ローン本審査
▶ 諸検査の実施（契約前にやっていない場合）
▶ 住宅ローン本審査の承諾
▶ **住宅ローン特約や契約解除期限の到来もしくは確認・残金決済までのスケジュール確認**
▶ 金銭消費貸借契約の締結
▶ 不動産（主に室内）の残置物確認
▶ 残金決済等・引き渡し準備
▶ 残金決済等・所有権移転・引き渡し準備

約2週間（約10営業日）

約1カ月

約2カ月

図表2　不動産を最終確認する際のポイント（建物内）

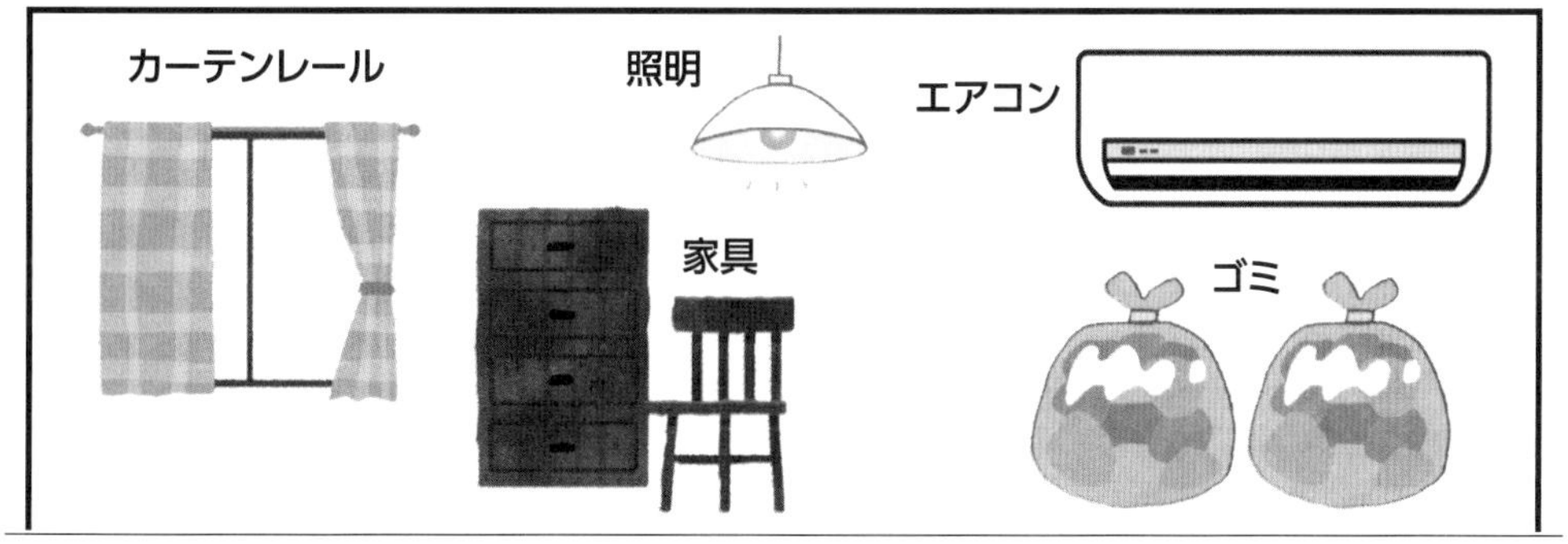

金の確認に時間がかかることが多いため2時間はかかるものとして余裕を持って対応するとよい。

この手続きが終わればいよいよ引っ越しである。

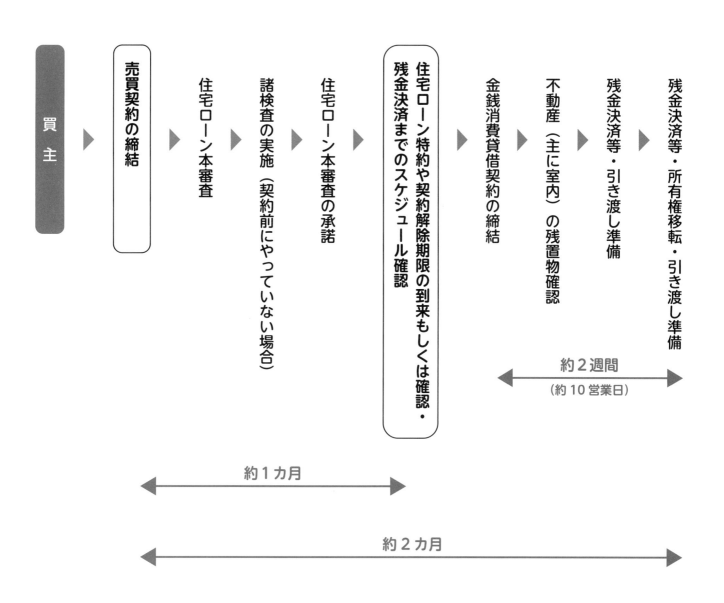

重要事項説明書でこう書かれていたら

重要事項説明書とは、不動産会社が買主に「このような内容の不動産では買わなかった」と不利益を被らないように知って欲しい不動産の現状をまとめた書類である。そのため、書かれていることすべてをしっかり読むことが重要だが、中古マンションでは特に注意すべき箇所がある。それは「管理仕様に関する事項」に書かれている①お金、②用途制限、③使用継承の３点である。

①お金については、専有住戸に滞納金がないか、管理費や修繕積立金以外にもかかる費用はないか、将来の管理費・修繕積立金等の改定予定はないかの３点を見るとよい。実は滞納金がある住戸を購入してしまうと、その滞納金は前所有者ではなく、新所有者が支払うことになる。理不尽な感じがするが、区分所有法で定められているので致し方ない。そのため、滞納金の記載がある場合は「売主の方で支払ってくれる」と安易に思わないようにしたい。また、管理費や修繕積立金以外の費用にも要注意である。たとえば、マンション全体で利用できるようにしているインターネット料金や電気・ガスといった光熱費、町会費、サークル費などである。重要事項説明書で初めて知ることも多い。さらに、管理費・修繕積立金等の改定予定が決まっている記載があるなら要注意である。その場合は別に修繕計画と照らし合わせた改定計画表もあるので、何年後からいくらになるか計算しておくとよい。

続けて②用途制限では、住戸を自らの住まい以外で利用する場合は確認が必要である。不特定多数が出入りする事務所利用や、民泊利用は多くのマンションで禁止など制限をされている。またペットを飼う、楽器演奏をする、リフォームする場合も要注意である。ペットは体長の大きさや、動物の種類などで制限される。小さな猫犬はOKでも、成長して大きくなるとNGになることもある。届出をして許可を得てから飼育になるので、購入後に「飼育できなかった」とならないよう購入前に売主側に伝えて管理組合に打診してもらうのも１つの手だ。同じくリフォームも事前確認が不可欠である。リフォームを行う届出と一緒に、隣戸と上下階住戸の同意を得ることが条件の場合がある。マンションの管理規約や使用細則によって条件は異なるが、計８戸もの承認を得ることもある。そのなかに「工事中騒がしいのが嫌なので」と許可してくれない人がいたりすると、リフォームできないことがある。購入後にわかっても後の祭りなので、売主を通じて管理組合に事前に打診しておくとよい。また、大型車に乗っている人は駐車場に気をつけた方がよい。機械式のみならず自走式でも駐車できるサイズに制限がある。「駐車場が空いているから止められる」と思っていたら…制限超過で周辺の月極駐車場を借りる羽目になるかもしれない。

最後に、③使用継承も駐車場のことである。売主が現在利用している駐車場は売買後にそのまま利用できるとは限らない。管理規約で「使用の継承は不可」とされていたら利用できない。抽選方式なら当選すれば借りられるが、先着順なら借りられないこともあるので注意しておこう。

このページで説明したことは重要なことばかりだ。該当する項目があれば、管理規約や使用細則を見せてもらい、どう書かれているのかしっかり確認して購入するかを判断するとよい。

第5章

中古マンション購入に必要なお金

中古マンションを購入する時に後悔しないためにはお金の知識も必須だ。どんな諸費用がかかるのか、住宅ローンはどのような商品を利用すると良いのか、税金などの控除はあるのか、住んだ後にかかる費用はどの程度かなど、最低限必要なことは覚えておこう！

購入までにかかる諸費用を一覧で見てみよう

売買価格以外にどのような費用がかかるか把握する

マンションを購入する際には「思ったよりも諸費用がかかってしまった」とならないように、売買価格以外にも購入するために必要な諸費用を把握しておきたい。ここでは「どのタイミングでどのような費用がかかるのか」それを見ていく。

諸費用は大きく、①売買契約の締結前、②売買契約の締結時、③残代金決済・引渡し時、④残代金決済・引渡し後の4つの時期にかかる（**図表**）。

まず、①売買契約の締結前。建物の各諸検査を行う場合にはその費用がかかってくる。例えば、現在の建物の状況を確認してから、問題がないと安心して売買契約をするには建物状況調査を行うので、その費用がかかる。他にも既存住宅売買瑕疵保険検査や耐震基準適合証明書検査、フラット35適合証明検査など各諸検査があり、必要に応じて費用が発生する。

②売買契約の締結時では仲介手数料と売買契約書に貼付する収入印紙がかかる。仲介手数料は売買価格の3％＋6万円に消費税が法律で定める上限金額で、全額もしくは半額を仲介する不動産会社へ支払う。収入印紙は売買価格により金額が異なるが、郵便局で買い求めて用意する。収入印紙は軽減措置が効いている期間（令和6年3月31日まで）があるので、間違いないように用意しよう。なお、諸費用以外では手付金が必要になる。

③残代金決済・引き渡し時は他の3つの時期と比べて多額の諸費用がかかるので、資金が間に合うように準備をしておこう。まずは仲介手数料で売買契約締結時に全額を支払っていなければこの時に残額を支払う。住宅ローンを組む場合は融資事務手数料、金銭消費貸借契約書に貼付する収入印紙代が一般的で、金融機関によってはその他にローン保証料や団体信用生命保険料などを支払う。どの金融機関も融資額から差し引く形を取っており、その分ローン額は少なくなる。融資事務手数料は融資額の2.2％のところが多いので、融資額が大きい場合多額になるので計算が狂わないようにしたい。

さらに、所有権移転登記費用や抵当権設定費用など各種登記関連費用がかかる。事前に司法書士から見積書をもらい、それに従って支払う。最後は火災保険や地震保険料といった保険料関連、各種検査の証明書発行手数料などもこの時に支払う。引っ越し代もこの時に支払うこと多い。諸費用以外では、売買価格の残代金や固定資産税・都市計画税、管理費や修繕積立金の各種清算金などもこの時に支払う。このように様々な名目で多額の費用がかかる。そのため、不動産会社の案内に従って準備し、支払っていこう。

マンション購入後も諸費用があるので注意

マンションを購入してからも支払う諸費用がある。④残代金決済・引渡し後だと不動産取得税がある。なお、居住用での購入の場合は軽減措置があり、不動産取得税がかからないことが多いが、築年数が古いマンションの場合は軽減措置が利用できないため、不動産取得税を支払うことが多い。原則購入者から申告して税額を納付するが、多くの自治体では所有権移転登記をした場合は、納付通知書を発送しており、それが届いたら納付する形である。物件購入してから数カ月後に納付通知書が来るので忘れないように準備してほしい。

図表 諸費用の概算一覧について

山田 一　様			2023/6/1
諸費用概算一覧表			ビジネス教育不動産
売買価格 3,000 万円，借入額 3,000 万円と想定しての概算。			担当　佐藤
必要書類	**概算費用※**	**確定**	**備考**
売買契約前			
各諸検査費用	0		今回は利用しません。
ホームステージング	0		今回は利用しません。
売買契約時			
仲介手数料	1,056,000		成約価格の３％＋６万円＋消費税
売買契約書の収入印紙代	10,000		売買契約の印紙代。
その他	0		
金銭消費貸借契約時			
融資事務手数料	660,000		融資額3,000万円の2.2%（税込）。
金銭消費貸借契約の印紙代	20,000		金消契約の印紙代。
保証料	0		金利に含まれています。
団体信用生命保険料	0		金利に含まれています。
フラット35適合証明書代	0		今回は利用しません。
残代金決済時·引き渡し時			
所有権移転登記費用	260,000		司法書士報酬含む。別紙見積書参照
抵当権設定登記費用	30,000		司法書士報酬は上記に含む。別紙見積書参照
固定資産税·都市計画税の清算金	55,000		令和5年７月20日での清算金。
管理費·修繕積立金の清算金	38,800		令和5年７月20日での清算金。
火災保険料·地震保険料	155,000		期間5年·地震保険料込。
引越し費用	別途		引越業者により異なります。
振込手数料	880		引越業者により異なります。
その他	0		必要となる場合があります。
残代金決済時·引き渡し後			
不動産取得税	別途		概算としては取得税は０円。
リフォーム費用	別途		必要となる場合があります。
その他	880		必要となる場合があります。
諸費用合計　約	2,286,560		

※１　税金は各自でご計算下さい。

①売買契約前にもかかる費用がある

②売買契約時には仲介手数料か印紙代がかかる。仲介手数料は半金の場合が多い

③残代金決済、引き渡し時には多額の諸費用がかかるので、資金が間に合うように準備しよう。また、何にいくら支払うかの確認もしておこう。

③残代金決済、引き渡し後に不動産取得税がかかる場合がある

住宅ローンの商品内容を知っておこう

住宅ローンを組む時の金利を比較してみる

住宅ローンを利用する場合には安心して利用するためにも商品内容も理解しておきたい。

住宅ローンには大きく、①変動金利、②固定金利（一定期間）、③固定金利（全期間）の3種類がある（**図表1・2**）。一般的には、①変動金利の金利が1番安く、続いて、②固定金利（一定期間）、最後に、③固定金利（全期間）が1番高くなるが、必ずしもそうと決まっている訳ではなく、金利を決める指標（市場金利）が異なるためそうなっている。①変動金利は金利が変動する商品で毎年4月、10月の時点で金利が決定される。また、金利は各金融機関が決める「短期プライムレート」と呼ばれる金利が指標で、日本銀行の政策金利（無担保翌日物レート）をベースに金融機関が財務状況のよい優良企業に1年以内の期間で融資する際の金利であり、返済が滞るリスクがとても低いため、金利もかなり低く抑えられているのが特徴と言える。この短期プラムレートに金融機関のコストや利益を乗せた金利が「店頭金利」となり、そこから顧客に合わせて金利を安くすることを「優遇金利」と言う。実際はこの優遇金利が、購入検討者が借りる時の金利となる。

5年ルールと１２５％ルール

変動金利では金利上昇が常に心配される点であるが、このように短期プライムレートの状況などを見ると変動上昇リスクはそこまで高くないと言える。また、元利均等方式の返済方法の場合、「5年（返済額固定）ルール」「１２５％（返済額上限）ルール」という2つのルールでリスクは抑えられている。「5年ルール」は適用金利が増減しても5年間は毎月のローン返済額は固定となるルールのことである。毎月の返済額が10万円ならそれが5年間は続くことになる。「１２５％ルール」はこの5年が経過した後だが、6年目にその時の金利により返済額が見直され、金利が著しく上昇しても前返済額の１２５％までしか増額とならないルールのことである。毎月10万円の支払いなら、毎月12・5万円で抑えられることになる。この2つのルールにより急に家計を圧迫することはあまりなく、かつ想定する返済額の１２５％でも家計のやり繰りができるのであれば、大きな問題は生じにくい。ただし、金利が増えればそれだけ返済する元金は減るため融資期間は長引くことになってしまう。返済計画の予定が狂ってしまう点に注意したい。

一方で、③固定金利（全期間）は融資期間中、支払額が一定のため返済計画を立てやすいのが魅力である。「新発10年物国債」と呼ばれる金利が指標で日本銀行により昨年秋までは金利は抑えられていたため比較的安かったが、２０２２年12月に10年物国債金利の目標上限を０・25％から0.5％に引き上げたことで２０２３年からは金利上昇が続いている。２０２３年7月には1.0％のまで容認する方針を決めているので金利上昇は決定的だ。

②固定金利（一定期間）は、一定期間は支払額が固定の商品で、その期間が過ぎるとその時点で変動か、固定金利（一定期間、全期間）と見直される商品である。また、優遇金利も見直されることもある。金利指標は「円金利スワップレート」であり、変動金利と固定金利を交換する時に使われる金利となる。そのため変動金利と固定金利の中間に位置する金利帯になりやすい。

図表1 3つの金利種類

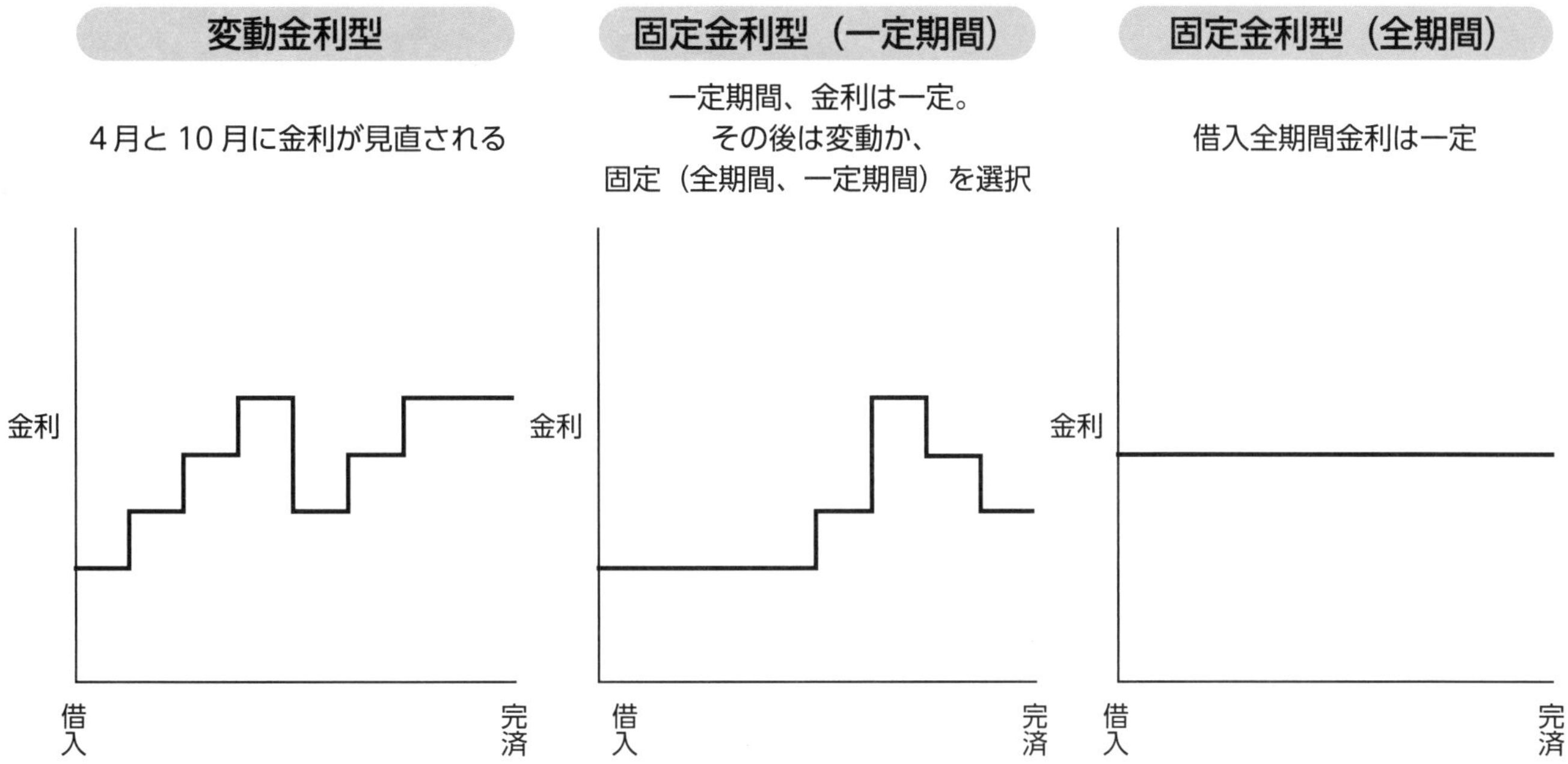
変動金利型
4月と10月に金利が見直される
固定金利型（一定期間）
一定期間、金利は一定。
その後は変動か、
固定（全期間、一定期間）を選択
固定金利型（全期間）
借入全期間金利は一定
金利
借入
完済

図表2 各金利種類の参考指数

金利種類	概要	参考指標	参考指標の説明
変動金利	金利が変動する商品。4月、10月に金利は変動するがその増減は5年間は行われない	各金融機関が決める**「短期プライムレート」**	「短期プライムレート」 銀行などの金融機関が、財務状況のよい優良企業に1年以内の期間で融資する際の金利。優良かつ短期のため返済のリスクはとても低く金利も安い
固定金利（一定期間）	2～20年などの当初の一定期間金利が固定となる商品期間経過後は変動金利となる	市場金利の**「円金利スワップレート」**	「円金利スワップレート」 日本円で変動金と固定金利を交換する時に使われる金利のこと。金利派生商品（デリバティブ）取引での金利
固定金利（全期間）	金利が融資の全期間で固定となる	日本政府が発行する**「新発10年物国債利回り」**	「新発10年物国債利回り」 新規に発行された償還期間10年の国債利回りのこと。国債とは国が発行する債券のことで、利息は半年ごと、元金は期間経過後に償還される。利回りとは利息配当の元金に対する割合を指す

各金融機関の住宅ローンはどう違うのか

給与所得者とフリーランスだと融資審査に差が出る

各金融機関ごとに住宅ローン商品がある。一見どこも同じように見えるが、①融資審査姿勢（対象顧客像）、②金利、③融資期間、④融資事務手数料、⑤保証料、⑥その他補償やサービスなどが異なっている。

①は外から見てもよくわからない。②〜⑥まではホームページ等で明示しているが、①は明示されていないからだ。そのためA金融機関は融資審査が通ったが、B金融機関は融資審査が通らなかったということもある。

特にここで差がでるのが、給与所得者や公務員などの安定的な収入のある方と自営業やフリーランスの方である。

そこで金融機関をネット銀行、都市銀行、信託銀行、地方銀行、信用金庫、信用組合、フラット35、他金融機関、ノンバンクと大きく9つに分けて各特徴を解説していく（**図表**）。

ネット銀行とは主に手続きをネットと郵送で行う金融機関で、金利の安さや補償やサービスが魅力である。そのため検討の際には第一候補に挙がりやすいが、金利が安い反面、簡便な融資審査としているので、収入が安定していると見られる給与所得者や公務員、医師などの士業が対象の金融機関と言える。自営業者には厳しいかもしれない。

都市銀行は都市部で見られる大手銀行のことでネット銀行と同じく金利や補償サービスが魅力である。融資審査はネット銀行と似ているが、支店があるだけに多少説明や相談が必要な内容でも受けてもらえるし、何かあれば営業担当者のサポートを受けることができるので、スムーズに作業を進めやすいのが特徴である。

信託銀行は都市銀行に近いが、信託を依頼する富裕層や地主その縁者の場合は、融資審査はスムーズになりやすい。金利も商品によってはネット銀行や都市銀行と比べて安い場合がある。

地方銀行は営業エリア内であれば、都市銀行よりも多少融通が利き、微々たる点ではあるが、金利を安くしてくれることがある。特に地元企業の評価が都市銀行と比べて高いため、地元の優良企業の会社員は公務員らとあまり遜色ない融資審査をしてくれる。ここまでが収入が安定している給与所得者向けの金融機関と言える。

信用金庫と信用組合はその設立主旨からもわかるが、中小企業経営者や従業員、自営業者、フリーランスへの融資に強いのが特徴である。前の4行と比べて保証料を取るなど金利等の条件は劣ることが多く、また不動産の担保評価なども厳しく見るが、中小企業関係者や自営業者等には強い味方で融資審査にしっかり取り組んでもらえる。

フラット35は住宅金融支援機構が取り組む固定金利が特徴の住宅ローンで、申込者の勤務属性への審査は比較的優しく、契約社員やアルバイトなどでも安定的な収入があれば審査に取り組んでもらえるのが特徴だ。他の金融機関で厳しい審査回答であれば、相談してみるのも1つの手である。

ゆうちょ銀行やＪＡなどは独自の融資審査を行う

その他の金融機関は独自の審査方法で融資審査をする金融機関である。ゆうちょ銀行やＪＡ、労働金庫などがそれにあたる。

ノンバンクとは主に融資業務のみで、預金業務を行わない金融機関の総称である。金利が2%〜8%と他と比べて高いが、その分

図表　金融機関の住宅ローン一覧

種類	対応エリア	融資商品（融）・付属商品（付）・手数料（手）・その他（他）		金利
ネット銀行	広い 全国区	融	長期固定金利含めすべて有り	低い
		付	保障や保険が豊富	
		手	融資事務手数料は融資額の数％程度。保証料はなし	
		他	イレギュラー対応不可	
都市銀行	広い 全国区	融	長期固定金利含めすべて有り	
		付	保障や保険が豊富	
		手	融資事務手数料は数万円～数％程度。 保証料は金利上乗せ有	
		他	一部ネットで事前審査	
信託銀行	普通 全国区だが 都市部中心	融	長期固定金利含めすべて有り	
		付	特筆事項なし	
		手	融資事務手数料は数万円～数％程度。 保証料は金利上乗せ有	
		他	一部信託銀行で取り扱い中止	
地方銀行	普通 都道府県 エリア	融	変動と２～10年固定金利がメイン	
		付	特筆事項なし	
		手	融資事務手数料は数万円程度。 保証料は金利上乗せ有	
		他	エリア内担保評価が強い	
信用金庫	狭い 支店エリア 範囲	融	変動と２～10年固定金利がメイン	
		付	特筆事項なし	
		手	融資事務手数料は数万円～数％程度。 保証料は一部金利上乗せ有	
		他	土地の担保評価はやや厳しめ	
信用組合	狭い 支店エリア 範囲	融	変動と２～10年固定金利がメイン	
		付	特筆事項なし	
		手	融資事務手数料は数万円～数％程度。 保証料は一部金利上乗せ有	
		他	借入履歴に問題があっても審査する場合有	
フラット35	広い 全国区	融	固定金利商品のみ	
		付	特筆事項なし	
		手	融資事務手数料は融資額の数％程度。保証料はなし	
		他	団体信用生命保険は任意	
その他の金融機関	普通 都道府県エリア 都市部中心	融	変動か一定の固定金利商品のみ	
		付	特筆事項なし	
		手	融資事務手数料と解約手数料は融資額の数％程度。保証料はなし	
		他	ノンバンクより金利が安い	
ノンバンク	狭い 支店エリア 範囲·都市部	融	変動か一定の固定金利商品のみ	高い
		付	特筆事項なし	
		手	融資事務手数料と解約手数料は融資額の数％程度。保証料はなし	
		他	イレギュラー対応が可能	
その他	労働金庫·JAバンクなど独自の審査をしている金融機関がある			

リスクを見ているため、銀行や信金信組での融資が難しい方や不動産に問題があっても審査に取り組んでもらうことができる。

それぞれ特徴が異なるので、自分にあった金融機関に相談して融資審査を申し込んでみるとよい。

住宅ローン控除の内容とその手続き

住宅ローン控除は最大10年使える

中古マンションを購入した場合、適用要件を満たせば住宅ローン控除（住宅借入金特別控除）を利用でき、納めている所得税や住民税の還付を受けることができる。

控除額は最大10年間で年末残高の0.7％が毎年還付される。なお、省エネ系マンション（認定長期優良住宅、認定低炭素住宅、特定エネルギー消費性能向上住宅またはエネルギー消費性能向上住宅に該当するマンション）なら上限は3000万円まで、それ以外の一般的なマンションなら上限2000万円までの年末残高で適用される。たとえば、一般的なマンションで年末残高が3000万円なら上限が2000万円までなので、2000万円に0.7％を乗じた14万円が所得税等から還付される仕組みになっている。年末残高が計算基準になるので、初年度の年末残高が2000万円なら翌年はそれ以下になり、14万円以下の還付金になってくる（**図表1・2**）。

また、あくまで支払った所得税や住民税分を還付してもらう制度なので、その分を支払っていなければ還付額は少なくなる。なお、夫婦の連帯債務で融資を受けた場合は、各々で申告を行えば、それぞれ住宅ローン控除の還付金を受けることができる。そのため、4000万円の融資額なら夫婦で2000万円ずつ融資を受けた方が還付額も大きくなる。

適用要件（令和5年4月現在）はマンションの購入日から6カ月以内に居住し、控除を受ける年の12月31日まで居住し続けること、また融資期間は10年以上であり、マンションの面積は50平方メートル以上とすることなどがある。その他にも控除する年の合計所得は3000万円以下など細かな要件もあるが、間口は広く多くの方が使える制度となっている。

住宅ローン控除は、購入初年度は確定申告が必要

住宅ローン控除の申告は取得し住み始めた翌年から行う。申告には所得税を納める確定申告と納め過ぎた所得税を還付してもらうための計算明細書、その他の必要書類が必要である。所轄の税務署に対して持参や郵送、インターネットで申告をすることになる。後日届いていなかったことを避けるため郵送の場合は書留等にしておいた方が無難である。

確定申告は毎年2月16日から3月15日となるが、還付申告のみは1月から受け付けできる。なお、住宅ローン控除は居住初年度は会社の年末調整では対応できないため、確定申告が必要となる。ただし、翌年以降は10月頃に税務署から送られてくる「年末調整のための住宅借入金等控除証明書」と、年末に融資元の金融機関から送られてくる「残高証明書」を、年末調整の際に会社に提出することで対応できる。

申告に必要な書類は、①確定申告書、②住宅借入金等特別控除額の計算明細書、③建物と土地の登記事項証明書、④建物と土地の不動産売買契約書（請負契約書）のコピー、⑤年末残高証明書、⑥本人確認書類の5点となる。①と②は自身で作成し、③は法務局の出張所で取得するか、所有権移転登記を手続きした際に司法書士からいただいたものを使う。不動産売買契約書（請負契約書）は持っている原本をコピーして用意する。契約条項のページは不要である。年末残高証明書は金融機関から送られてくるが、発送依頼の手続きが必要な場合があるので、事前に確認しておくとよい。

図表1 住宅ローン減税等の借入限度額・控除期間

控除率	一律0.7%	＜入居年＞	2022(R4)年	2023(R5)年	2024(R6)年	2025(R7)年
借入限度額	新築住宅・買取再販	長期優良住宅・低炭素住宅	5,000万円		4,500万円	
		ZEH水準省エネ住宅	4,500万円		3,500万円	
		省エネ基準適合住宅	4,000万円		3,000万円	
		その他の住宅	3,000万円		0円（2023年までに新築の建築確認：2,000万円）	
	既存住宅	長期優良住宅・低炭素住宅 ZEH水準省エネ住宅 省エネ基準適合住宅	3,000万円			
		その他の住宅	2,000万円			
控除期間		新築住宅・買取再販	13年（「その他の住宅」は、2024年以降の入居の場合、10年）			
		既存住宅	10年			
所得要件			2,000万円			
床面積要件			50㎡（新築の場合、2023年までに建築確認：40㎡（所得要件：1,000万円））			

※中古マンションでの住宅ローン控除はこちらが適用になることが多い（既存住宅・その他の住宅 2,000万円、控除期間10年）

出典：「令和４年度 国土交通省税制改正概要（国土交通省）」を基に作成

図表2 住宅ローン控除で戻る税額

計算上の控除額	年末の住宅ローン残高×0.7%
納めた税額	所得税額＋住民税額（上限97,500円） ※住民税額は所得税額から還付しきれない場合
還付額	上限　14万円以下（2,000万円×0.7%） ※中古マンションの場合
還付方法	・初年度は所得税の還付は１カ月〜１カ月半後に振り込まれる。2年目以降は年末調整で還付 ・住民税の還付は居住の翌年度から相当額を減額

中古マンションを購入した初年度の住宅ローン控除は確定申告が必要になるので注意！

購入後のお金はどのぐらいかかる、維持管理費用

購入する時は修繕積立金で維持管理できるかを判断する

　中古マンションは購入後にかかる維持管理費用がある。大きく、①修繕積立金、②管理費、③固定資産税・都市計画税、④自治会費、⑤駐車場・駐輪場代の5つだ。特に優先順位が高いのが①修繕積立金で、物価高や建築工事費の上昇により年を重ねるごとに費用が上がっていくことが考えられる。修繕積立金は安い方が人気はあるが、十分な修繕ができなければマンションの維持管理に支障をきたして資産価値を下げてしまうことになるので、安ければよいということではない点に注意をしたい。

　したがって、購入時には修繕積立金の額が十分な維持管理を行うのに妥当な額かどうかを判断しておきたい。その判断は、管理に係る重要事項調査報告書に記載されている修繕積立金総額と、長期修繕計画を見比べた上で数字を計算してみるとおおまかなイメージをつかむことができる。

　たとえば、**図表1**は某マンションの管理に係る重要事項調査報告書である。修繕積立金は毎月１５０００円であり、修繕積立金総額は２２００万円となっている。一方で、**図表2**は長期修繕計画で、およそ26年に渡る計画書だが、総額で3億６０００万円が必要となる計算となっている。このマンションは総戸数60戸なので、1戸あたり毎月１５０００円の修繕積立金が積み上がるとすれば毎月で１５０００円×60戸で90万円となる。1年で90万円×12カ月＝１０８０万円

　26年で１０８０万円×26年となり、総額は2億８０８０万円が積み上がる計算となる。これに今ある修繕積立金総額２２００万円を加えても3億２８０万円であり、計画で示した金額3億６０００万円には届かない。逆算すると3億６０００万円から２２００万円を差し引き3億３８００万円を26年で割ると年あたり１３００万円の修繕積立金となり、更に60戸、12カ月で割ると一戸あたり毎月約１８０００円となるので現在と比べて毎月３０００円前後足りないことがイメージできる。

マンションの評価額は年々下がる。その点も考慮して維持費用を考える

　もう少し正確に計算をするのであれば、部屋の面積により修繕積立金が変わるのでそれを考慮して補正する必要があるが、物価高や建築工事費の上昇は加味されていないので「どうやら修繕積立金は足りないかもしれない」と予想できる。この行き先は、①修繕積立金の増額、②修繕積立金の一時徴収、③予算内で工事し維持する（資産価値の減少）となる。

　管理会社はスタンダードな方法である①を原則として提案するはずなので、将来的には毎月１８０００円以上にできるように年々ゆっくりか、数年ごとに改定して増額していくと考えた方が維持管理費用の確保ではよいだろう。

　②管理費は人件費であり管理会社が変わらない限りは大きく変わらない可能性が高い。③固定資産税等は税額の計算基準となるマンションの評価額が原則年々下がるので少しずつ安くなる傾向になる。④自治会費も大きく増減はないだろう。⑤駐車場代は年々車を所有しない世代が多くなってくるので、利用者はその影響を受けるかもしれない。なかには空き車庫の駐車場代を負担するマンションもあるようだ。

　維持管理費用は年々上がる傾向が見られるので、多少余裕を持っ

て維持管理ができるようにしておきたい。

図表1 重要事項調査報告書

1．物件概要	
物件名称	第1ビジネスマンション
対象住戸	1201号室
物件所在地	東京都杉並区○○1-1-10
本件担当者	佐藤一郎　TEL：03-○○○○-○○○○
2．マンション全体の修繕積立金総額（2023年4月30日現在）	
修繕積立金総額	22,483,607円
3．売却依頼主負担管理費等（月額）関係（2023年4月30日現在）	
①修繕積立金	
修繕積立金	15,000円　（2023年4月30日現在滞納額　0円）
②管理費	
管理費	12,100円　（2023年4月30日現在滞納額　0円）
4．マンション全体の管理費等滞納額（2023年4月30日現在）	
マンション全体の管理費	管理費　27,764円
及び修繕積立金の滞納額	修繕積立金　12,300円
5．借入金（2023年4月30日現在）	
借入金残高	23,424,996円

修繕積立金総額を長期修繕計画と照らし合わせて、現在の修繕積立金が足りているか確認

管理組合に借入金がある場合は、修繕積立金が不足していないか確認する

◎上記の数値は仮数値となります

マンション購入後は、
管理費や駐車場代の負担などが発生する

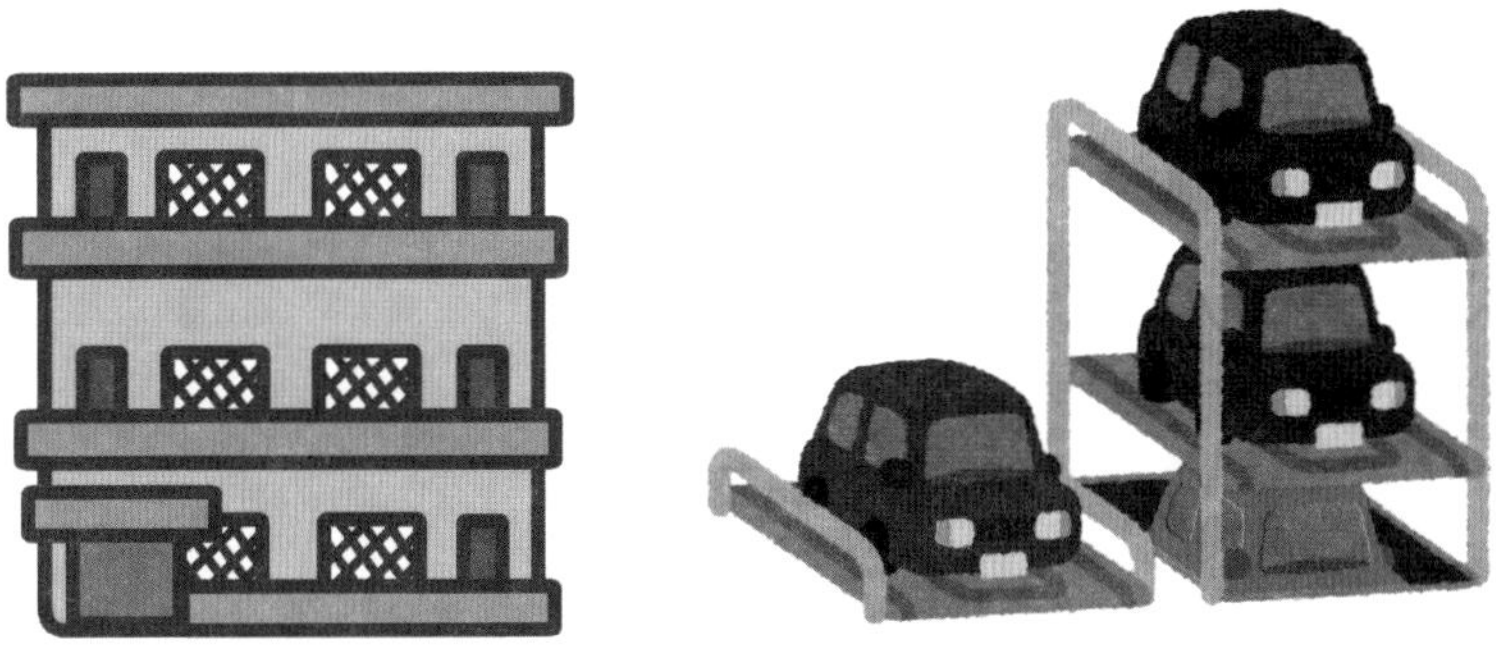

図表2　長期修繕計画（イメージ）

第1ビジネスマンション			マンション会計年度			2023	2024	2025	2026	2027	2028	2029	2030	2031	2032	2033	2034	2035	2036	2037	2038	2039	2040	2041	2042	2043	2044	2045	2046	2047	2048	2049	(単位 千円)
			築年数			40	41	42	43	44	45	46	47	48	49	50	51	52	53	54	55	56	57	58	59	60	61	62	63	64	65	66	
項目		部位	仕様	周期	工事金額																												合計
防水	1	屋上	補修	6	959								959																				959
	2	〃	塗膜防水	12	5,474		5,474																								5,474		10,948
	3	〃	撤去新設	60	11,613														11,613														11,613
	4	バルコニー	張替	12	4,045		4,045												4,045												4,045		12,135
	5	開放廊下	張替	12	8,115		8,115												8,115												8,115		24,345
	6	階段	塗膜防水	12	2,519		2,519												2,519												2,519		7,557
	7	庇・笠木等	塗膜防水	12	980		980												980												980		2,940
シーリング	8	外壁目地	打替	12	435		435												435												435		1,305
	9	建具周り	打替	12	2,724		2,724												2,724												2,724		8,172
	10	その他雑シーリング	打替	12	587		587												587												587		1,761
外装	11	塗装面	塗装	12	9,326		9,326												9,326												9,326		27,978
	12	軒天塗装	塗装	12	2,198		2,198												2,198												2,198		6,594
	13	塗膜剥離	全面	60	14,388														14,388														14,388
	14	外部壁	下地補修	12	16,352		16,352												16,352												16,352		49,056
直接仮設	15	外壁工事用	枠組足場	12	15,101		15,101												15,101												15,101		45,303
鉄部塗装 6年周期 12年周期	16	鋼製建具	塗替	6	651		651						651						651						651						651		3,255
	17	点検口	塗替	6	341		341						341						341						341						341		1,705
	18	換気扇ボックス	塗替	6	307		307						307						307						307						307		1,535
	19	屋上、塔屋鉄部	塗替	6	516		516						516						516						516						516		2,580
	20	その他雑鉄部	塗替	6	910		910						910						910						910						910		4,550
	21	サッシ	塗替	12	230		230												230												230		690
	22	屋上フェンス	塗替	12	956		956												956												956		2,868
	23	隔て板	塗替	12	320		320												320												320		960
	24	雨樋	塗替	12	306		306												306												306		918
共用内部	25	共用内部	塗装	12	2,259		2,259												2,259												2,259		6,777
建具等	26	自動ドア	補修	12	825								825												825								1,650
	27	玄関扉	交換	36	8,096																												0
	28	外部階段出入口扉	交換	36	3,462		0												3,462														3,462
	29	雨樋	交換	36	5,637		5,637																										5,637
外構	30	駐車場ゲート	改修	30	6,820		6,820																										6,820
	31	フェンス	取替	30	550								550																				550
	32	アスファルトなど	補修	20	550		581												550														1,131
	33	自転車置き場屋根（波板）	取替	20	220																		220										220
給水設備	34	給水管	補修	15	1,166			1,166																									1,166
	35	〃	更新	40	17,490																		17,490										17,490
	36	高架水槽	補修	15	1,100			1,100															1,100										2,200
	37	〃	更新	30	7,818					7,818																							7,818
	38	直結増圧ポンプ	補修	7	330								330															330					660
	39	〃	取替	15	3,300	4,070															3,300												7,370
排水設備	40	埋設排水管・排水桝	部分補修	20	1,100			1,100																				1,100					2,200
	41	排水管	取替	40	61,380																												0
空調設備	42	空調設備	取替	15	110			110															110										220
消防設備	43	ABC消火器	取替	10	231								231										231										462
電気設備	44	電灯設備（屋外・屋内）	取替	20	3,663															3,663													3,663
	45	盤類	取替	30	7,150				7,150																								7,150
	46	自動火災報知設備	更新	20	1,980										1,980																		1,980
	47	インターホン設備	交換	20	4,664			4,664																				4,664					9,328
	48	テレビ共聴設備等	補修	20	1,749														1,749														1,749
昇降機	49	昇降機	補修	12	330			330																									330
	50	〃	改修	30	21,366															21,366													21,366
調査	51	調査診断		12	1,166													1,166												1,166			2,332
	52	工事監理		12	1,733		2,026												1,733												1,733		5,492
年次修繕費合計						4,070	89,716	8,470	7,150	7,818	0	0	5,620	0	1,980	0	0	1,166	102,673	25,029	3,300	0	19,151	0	3,550	0	0	6,094	0	1,166	76,385	0	363,338
修繕工事累計額						4,070	93,786	102,256	109,406	117,224	117,224	117,224	122,844	122,844	124,824	124,824	124,824	125,990	228,663	253,692	256,992	256,992	276,143	276,143	279,693	279,693	279,693	285,787	285,787	286,953	363,338	363,338	

◎上記、長期修繕計画表の数値は仮数値となります

26年間で約3億6,000万円かかる
修繕計画であることがわかる。

第6章

リフォーム・リノベーションのメリットとデメリット

「良い物件選び」と「良いリフォーム・リノベーション」は一つのストーリー。このどちらが欠けても満足いく暮らしは手に入らない。しかし、業界ではこの二つは別業態として分離されている。ストーリーが完結するために重要な会社選びなど、住まい探しのポイントを知ろう。

「リフォーム済」と「リフォーム前」どっちがおトク？

第2章で解説したが、中古住宅を検討している方が実際に物件の内覧に行くと、いわゆる生活感が残っていたり、設備も古かったりする。お世辞にも「夢のマイホーム」とは言えない現実的な暮らしを見て判断することになる。マンションなど中古住宅は買い替えに伴って売りに出されることが多い。

売主は今の家を売ったお金を次の購入物件に充当しようとするため、住みながら売却することも多く、当然ながらこうした物件を購入する場合には、購入後にリフォームやリノベーションをする必要があり、そのイメージを固めるだけでなく、お金の算段も必要となる。

それに対して、「リフォーム済」の綺麗な物件を購入する手もある。統計上2割程度と言われれるリフォーム済だが、どちらが「夢のマイホーム」のイメージか、と聞かれれば、やはりリフォームされた綺麗な状態の物件の方が素敵だし、判断もしやすいと言える。

「リフォーム済」物件はどうしても割高になる

では、購入する立場からみて、「リフォーム済」の物件と、「リフォーム前」の物件とを比べると、どちらが得なのだろうか？

まず金銭的な面から比較（**図表**）してみよう。売却する人（個人）が、手放そうとする物件にあらためてお金をかけてリフォームなどを行ってから売りに出すことは皆無であることから、「リフォーム済」物件の売主は、個人ではなく不動産会社である。売却する人のほとんどは、まず不動産会社へ仲介を依頼して、一般の方に向けて売りに出される個人から個人への売買となるが、売主はさまざまな事情から不動産会社への買取り（下取り）を選択する場合もある。

こうして出てくる物件は、不動産会社が買い取ってからリフォームなどを行い、再販売する。少しでも高く売ることによって利益を出すことが目的なので、当然、販売価格には利益が上乗せされる。また、事業を行う上でさまざまな経費がかかり、それらも全て上乗せされて価格が決まる。このため、金銭的な面から比較すると、総論としては「リフォーム済」の物件の方が高くなるということだ。

「リフォーム済」は労力を使わず時間短縮のメリットも

また、金銭的な面以外にも、注意したい点がある。「リフォーム済」の場合、どんな工事をしたかが開示されない場合が多くあることだ。先ほど「リフォーム済」の売主は不動産会社であると書いたが、その視点で考えると「売りやすい」間取り、「売りやすい」設備が優先され、表面重視のリフォームが施された物件が供給されやすくなる。また、購入者にとってもそうした目新しさや機能性に目が奪われてしまうのは仕方がない面もある。

最近は築年数の古いマンションが多く取引されるようになったが、配管の老朽化についてはそのままである場合も見受けられる。目先の綺麗さ以外の見えない部分の施工がどうなっているのか？という視点は忘れてはいけない。

しかし、もちろんメリットもある。例えば、「時間の短縮」効果が挙げられる。物件を購入する行為は、気力と体力をとても使う。仕事などで忙しい方にとっては、マンションを購入するだけでも大変だ。それ加え、購入後に改めてリフォーム事業者を探したり、その業者と打ち合わせをすることはとても労力を使う。そういう労力を避けたい方にとっては、すでにリフォームされていることには価値があるだろう。

「リフォーム前」物件での成功のカギは物件選びとリフォーム会社選び

では、「リフォーム前」の物件はどうだろうか？　先ほど指摘したように、生活感が全面に出ている物件などは、リフォーム後のことをイメージすることに慣れない消費者にとっては簡単ではない。詳しくは「不動産会社にリフォーム相談はできるの？」（84P）で解説するが、不動産会社がリフォームのことまで斡旋できないことは多い。「購入」と「直す」が分断されてしまうことで、理想の家探しができないこともある。そこでお勧めは、「物件選び」と並行して「リフォーム会社選び」も進めておくことが重要だ。

選び方については「リフォーム会社の探し方と選び方」（86P）で解説するが、良いリフォーム会社を探しておけば、仮に「リフォーム済」物件を購入することになったとしても、住み始めた後の大事なパートナーになるからだ。住まいは「買う時」よりも「買った後」の方がはるかに長いものだ。そういう意味でも「リフォーム」の相談ができる信頼できる、パートナーなる会社を持つことは、その後の生活にとても価値を与えてくれるに違いない。

図表　「リフォーム済」と「リフォーム前」のコスト比較

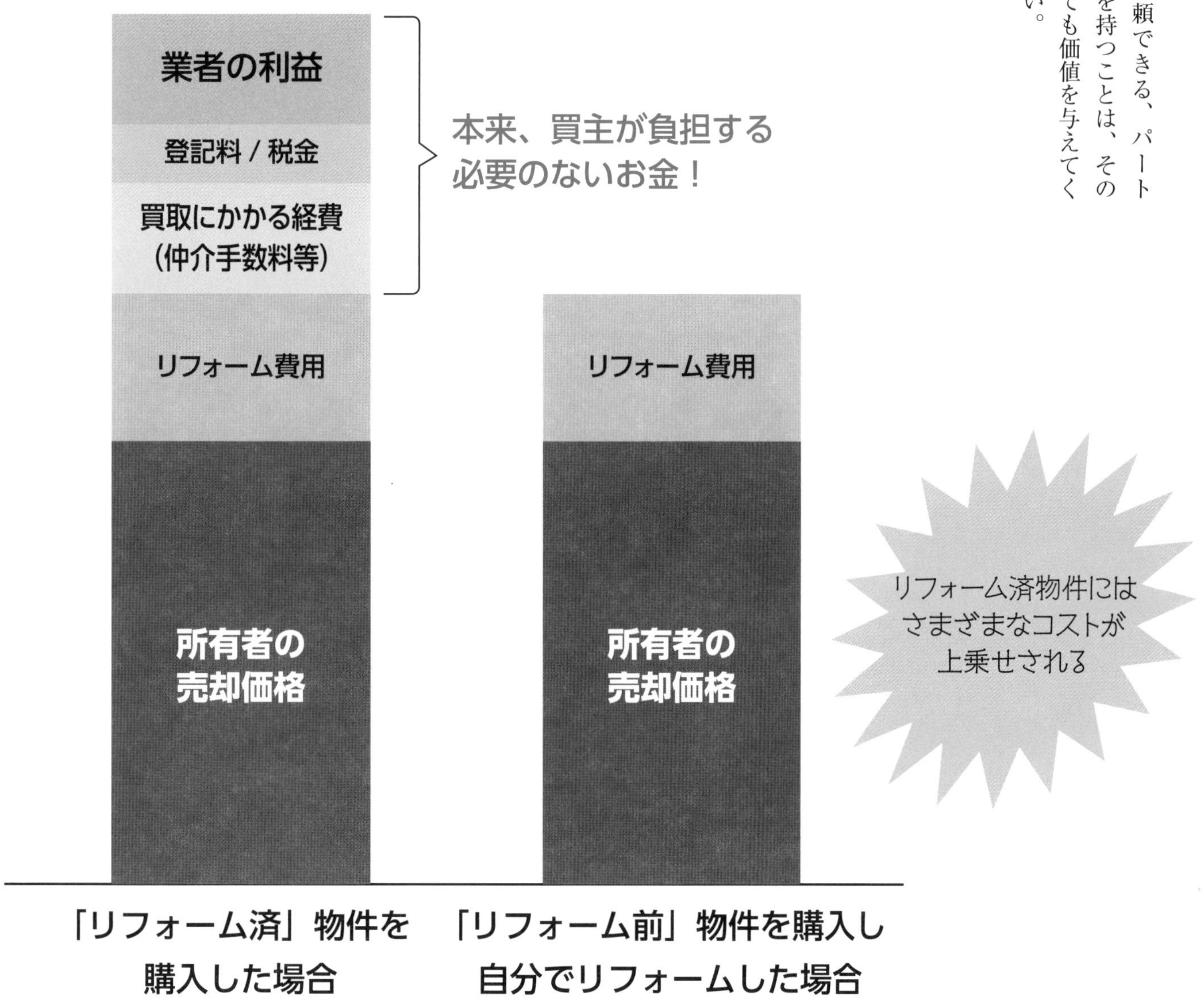

こだわりのリフォームは売れるのか?

不動産業界には「リセールバリュー」（再販価値）という言葉がある。先々に、売れやすいか、それとも売れにくいか、という視点である。最近は、リノベーションブームで「自分らしく生きる」「自分らしく住まう」、そんな価値判断が重要視されている。アメリカのように、数年に一度買い替えをする文化とは違い、まだまだ日本では「一生の住まい」という意識は高いようだ。

　それでも住み替えを行なった人のうち、住み替え前の住宅が「戸建」の人よりも、「集合住宅」の人の方が圧倒的に「売却した」割合が高い（**図表**）。このことから、マンション購入における将来的な「売却」という選択は、かなり視野に入れておくべきことである。

「間取り」にこだわりすぎると売れにくくなる

「こだわりのリフォーム」と一口に言っても、何にこだわるのか？によっても違いがある。こだわりをここでは「間取り」「意匠」「設備」「性能」と分けて考えてみよう。一番「売れにくさ」につながるのは「間取り」である。

　次の購入者の家族構成も生活習慣も違う前提で考えれば、極端な間取りが相手を選ぶことは想像できる。そして、間取りはその変更に大規模な工事を要することもポイントになる。

　次に影響があるのが「意匠」である。いわゆる壁紙やフローリング等の色やデザインのことを意味する。その部屋の印象を決める影響力の大きいものだ。このうち、フローリングについては簡単に交換ができないこと、また色合いが時代によって流行り廃りがあることから、あまり極端なものにすると「売れにくさ」につながる。ただし、壁紙についてはフローリングまでは交換費用が多額にはならないことから、それほどの影響はないと言える。

　続いて「設備」についてだが、風呂やトイレ、洗面台等、比較的金額が高いもののことだ。設備の耐用年数はもともと15〜20年である。それくらい住んでからの売却であれば、そもそも交換時期にさしかかっていることになる。こだわりの強い設備であっても、それほど大きな影響は出ないと思われる。

「性能」、特に省エネ向上は売却時の価値を高める

　そして、もう一つの「性能」については、こだわりがプラスに影響する時代になっている。昨今のエネルギー価格の高騰で、省エネに対する意識の高まりもあって、「内窓」に代表される省エネ性能の向上は、将来的な売却においても価値を高める要因になる。

　実際の不動産市場で売りに出される「こだわりリフォーム」物件の状況を紹介しよう。

　先ほど、「間取り」のこだわりが一番売りづらいと指摘したが、端的に言えば、そのこだわった間取りを、同じように好む人がどれくらいいるかがポイントになる。不動産の価格や売れ行きは「需要」と「供給」で成り立つので、一つの物件（供給）に対して購入したいと思う人（需要）が何組いるかで価格が決まり、売れ行きも比例する一方で、一つの物件を購入する人は一組であることもまた事実である。その一組が運よくマッチングすれば、予想以上に早く、しかも良い価格で売れることもある。従って、あくまで総論という考え方が正しいだろう。

　また、「設備」のこだわりについて、ある程度住み続けてから売りに出すのであれば影響はないと書いたが、実際にはリフォームしてから数年という早い段階で売り

に出される物件も多い。その理由としては、「いざ生活してみたら、使い勝手が悪い」という理由が多く聞かれる。

物件選びと良いリフォームがつながるような業者選びを

こういう理由で売りに出されると、まだ返済も進んでないことも多い。当然、販売価格も高くならざるを得ず、結果的に売りづらくなるという流れになる。

では、なぜせっかく練りに練ったこだわりの住まいが、想像と違う結果になり、売りに出すことになるのだろうか？

売却相談から見える傾向として、まず一つは、家族の中でのこだわりの温度差から生まれるものがある。たとえば夫婦の間でも、その温度差は違う。こだわりの強い方の意見がどうしても色濃く反映されがちなため、妥協側の不満に繋がるパターンである。

もう一つは平面上のイメージと実空間とのズレである。本来リフォームを提案してくれる業者さんの力量に頼りたいところだが、こだわりの強さから業者さんも言えなくなることがあるようだ。

そして、最後は不動産的視点が不足していることだ。当然ながらリフォームを提案する側は、すぐに売って欲しいとは思っていない。施主の希望にできる限り応えようと考えてくれる。それが結果的に売りづらい現実につながってしまうことになる。

こうした事例を踏まえると、「物件選び」と「良いリフォーム」は一つの流れとして、つながっていることがわかる。しかし、その両者を担当する業者が別々であることに課題がある。まさに、「業者選び」が重要であると言える。

図表 住み替え前の住宅の処分方法

従前住宅の建て方による方法で比較すると、分譲住宅を購入、既存（中古）住宅を購入の取得世帯で、従前住宅に関して集合住宅の人の方が「売却した」割合が高い。

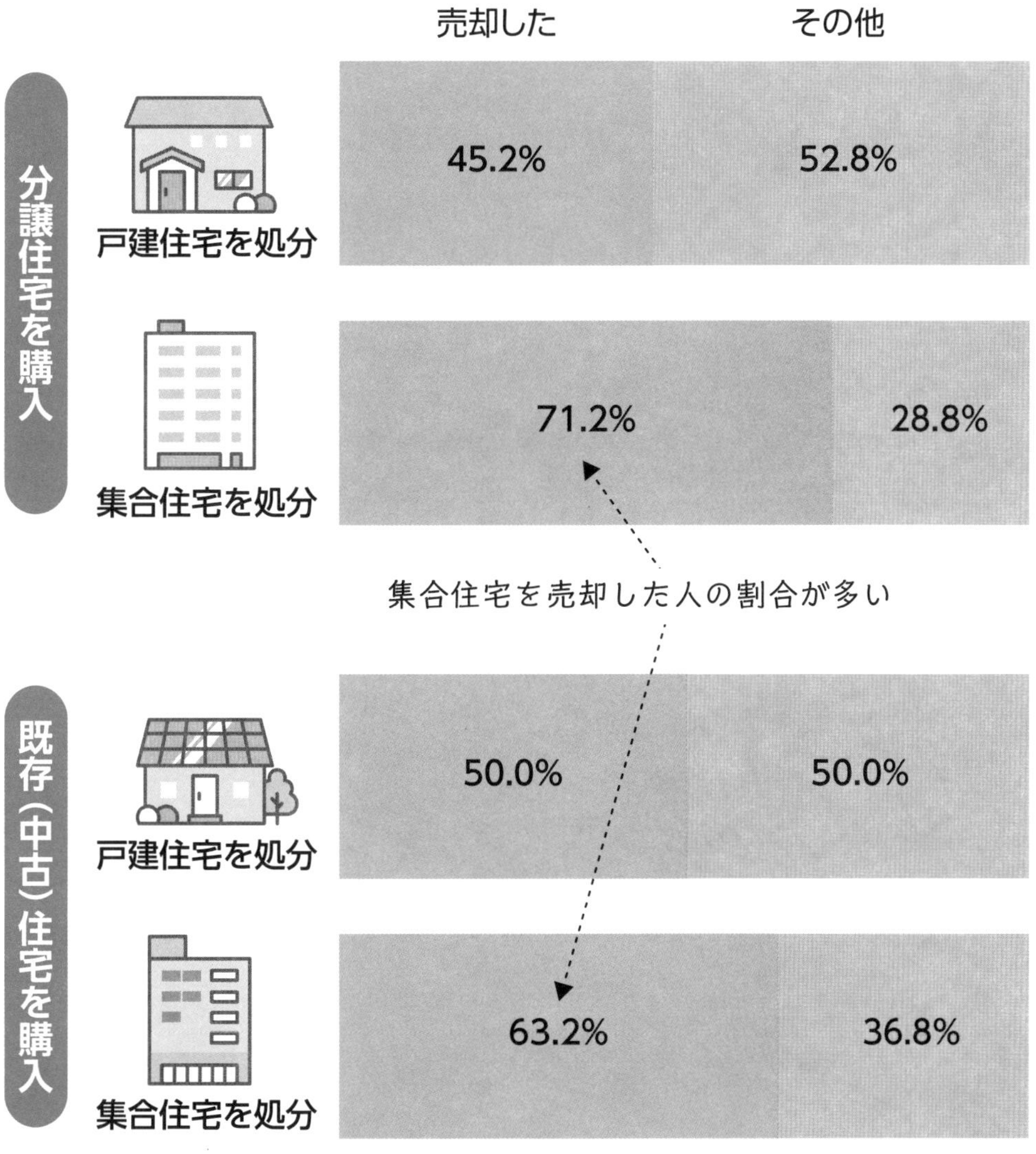

出典：国土交通省「令和４年度住宅市場動向調査報告書」

（注）「その他」には、他人に貸している、親族が住んでいる、空家になっている、取崩して空家になっている、今後売却予定、別宅として利用、その他、無回答を含む。

リフォーム費用はいくらまでかけるべきか

マンション購入とリフォームをセットで考える時代

2022年度の段階で日本のマンションストック戸数は約694万戸となった。その中でも、築30年以上のマンションは約248万戸と、約36%を占めている。まさに、3戸に1戸は築30年以上ということになる。

現在、新築マンションの供給戸数は大変少なく、築年数の経過したマンションの割合は年々増加していく。現在のまま行くと2026年末には築30年以上のマンションの比率が45%を超え、半数近くが築30年以上になる。マンションの購入にはリフォームとセットで考えるべき時代が、今よりもっと身近になるのだ。成功するマンション購入は、リフォーム次第といっても過言ではない時代となる。

リフォーム費用の住宅ローン上乗せはあとが大変に

リフォーム費用をいくらまでかけるべきかを考えるには、将来売却を視野に入れるか、入れないかの判断による。売却をしないなら、いくら費用をかけようが問題はない。しかし、売却の可能性を前提に考えると、少し変わってくる。80Pでも触れたが、リフォーム費用の内訳を大きく分けると、「間取り」「意匠」「設備」「性能」からなる。これらを費用の面から見てみたい。「性能」については、売却時でもその価値が残るから極論だが、いくらかけても無駄にはならない。しかし、「間取り」は売却時に与える影響が大きく、「意匠」「設備」は何年住んでから売るのかで、その影響度合いが違ってくる。

これらを踏まえて、より大きな影響があるのが住宅ローンとの関連性である。最近では、住宅ローン（多くの場合35年返済）にリフォーム費用を組み入れられるようになっている。例えば700万円のリフォームについて、物件購入価格に上乗せして35年返済で組んだとする。昨今の低金利もあって仮に0・5%で計算した場合の月々返済額は、1万8170円となる。しかし、特に金額の高い「設備」等の償却期間は15~20年とも言われるので、償却し終わっても返済はさらに15~20年続くことになる。

仮に15年後に売却したとすると、その時点におけるリフォームローン部分の残債額は約415万円あり、半分以上返済が残る。しかし、その時点における売却価格に、その残存価値である415万円が上乗せされて売却価格に反映されるかとなれば、難しいと言わざるをえない。

かつてリフォームローンは10年前後くらいの返済期間で、住宅ローンとは別に組んでいた（今もそういう融資商品はある）。月々の返済額は高くはなるが、残存価値と比較すると、ある意味で合理的な返済方法だとも考えられる。

省エネなど性能向上リフォームは費用をかける価値がある

これらのことから、先ほどの「間取り」「意匠」「設備」「性能」の中で、どの部分に多くのリフォーム資金をかけるかによっても変わってくる。中でも昨今最も注目されているのが「性能」に関するリフォームである。世界的なエネルギー価格の高騰に起因する省エネ対策、猛暑やヒートショックといった健康対策としての断熱性能などの向上は注目を集めている。こうしたリフォームは長くその価値を保つことができる。実際、日々の生活上のQOL（生活の質）の向上は効果が高い。当然、売却時における光熱費の軽減価値にもプラス効果となる。費用をかける価値があると言える。

図表 リフォーム700万円のローン返済計画（毎月払い、円）

回数	年／月	返済総額	元金分	利息分	借入残高
420	2058/07	7,631,616	7,000,000	631,616	0
（詳細）					
回数	年／月	返済額	元金分	利息分	借入残高
1	2023/08	18,170	15,254	2,916	6,984,746
2	2023/09	18,170	15,260	2,910	6,969,486
3	2023/10	18,170	15,267	2,903	6,954,219
4	2023/11	18,170	15,273	2,897	6,938,946
5	2023/12	18,170	15,279	2,891	6,923,667
6	2024/01	18,170	15,286	2,884	6,908,381
7	2024/02	18,170	15,292	2,878	6,893,089
8	2024/03	18,170	15,298	2,872	6,877,791
9	2024/04	18,170	15,305	2,865	6,862,486
10	2024/05	18,170	15,311	2,859	6,847,175
175	2038/02	18,170	16,401	1,769	4,231,449
176	2038/03	18,170	16,407	1,763	4,215,042
177	2038/04	18,170	16,414	1,756	4,198,628
178	2038/05	18,170	16,421	1,749	4,182,207
179	2038/06	18,170	16,428	1,742	4,165,779
180	2038/07	18,170	16,435	1,735	4,149,344
181	2038/08	18,170	16,442	1,728	4,132,902
182	2038/09	18,170	16,448	1,722	4,116,454

15年後に売却した場合、ローン残高は415万円も残っている！

（注）返済の前提：借入金700万円、元利均等払いで毎月返済、金利0.5%、返済期間35年（420か月）

リフォーム費用も上乗せしたローンは重いよ！
リフォーム

不動産会社にリフォームの相談はできるの?

不動産業界で働く者にとって必要な資格に「宅地建物取引士（略称・宅建士）」がある。年一回、50問をそれぞれ4択から解答する試験内容だ。その中で「建物」に関する問題は何問あるかご存知だろうか?

令和4年度の資格試験を見ると最後の第50問に一問あるのみだ。本来は、名前の通りに「宅地」と「建物」の取引士であるべき資格だが、残念ながら「建物」の知識を問う試験ではない。

土地神話が色濃く残る日本では、不動産会社が果たす役割は、ある意味「土地」という資産の売買だったと言っても過言ではない。しかし、それも新築住宅がメインの市場では、建物も法律に則り施行されている前提の下に、さほど大きな問題ではなかったかもしれない。

宅建士はいま役割を果たしているか

しかし昨今のように中古住宅市場が活性化してきた中で、取引における安心・安全な役割を（宅地建物取引士は）果たせているかと問われれば、疑問が湧く。つまり、多くの不動産会社では「建物知識」がほとんどないのが実態だ。マンションを仲介する不動産会社の収益源は「仲介手数料」である。仲介手数料は、物件価格が高くなればなるほど高くなる。このた、不動産会社としてはより高い物件を購入してほしいと考えるのは自然の成り行きだ。

購入者の視点から見れば「物件購入」と「リフォーム」費用は総予算の中での比率であり、物件購入価格が高くなれば当然、リフォームにかけられる予算は少なくなる。また、不動産会社の仕事は物件の引き渡しを完了するまでなので、引き渡しを終えた段階で仲介手数料を領収し、仕事は完結する。その後のリフォームをどうするか?についても関わってくれる場合もあるが、売上げには直接関係ない仕事だとも言える。

また、不動産会社がリフォームに関与しない理由には、もう一つ大きな理由がある。それは、関わりたくてもリフォーム工事を受けられないという点だ。一般に、リフォーム等の工事を行う場合には「建設業」という免許が会社として必要となる。しかし、この免許を取得するのは不動産会社にとって簡単ではない。知識と経験のある「経営業務の管理責任者」や「専任技術者」の設置が必要だが、社内にそうした専門家がいないためだ。

ただし、建設業法では「軽微な工事」という一定の範囲内の工事については、建設業法許可の適用除外とされている。「軽微な工事」とは請負金額５００万円未満としている。昨今では、建築資材や住設機器、人件費等の高騰により、リフォーム費用も年々上昇している。間取り変更や設備の交換を伴う工事などでは、５００万円を超えるので、建設業免許なしで受注することは困難となっている。

リフォームの伴わない物件を勧められる可能性

こうした背景も踏まえ、建設業免許のない不動産会社にとってはリフォームの伴わない物件を勧めてくる傾向がある。78Pで解説したような「リフォーム済」物件である。もちろん「リフォーム済」物件が悪いわけではない。問題は、それを勧めてくる不動産会社が、建物知識を有した上でその物件を選択しているのか、それとも苦手な説明をしないために誘導しているのかということだ。そういう点では、中古住宅の購入に際しては「宅建業免許」のみならず「建設業免許」を持っている会社であることは、総合的な提案を得られる可能性が高いと言える。

リフォームを伴う取引には経験豊富な会社選びが重要

かつて住宅を購入しリフォームも行う場合のリフォーム費用については、住宅ローンとは別に「リフォームローン」を借りるのが一般的だった。しかし、中古住宅購入とリフォームをセットで行うニーズが高まりから、昨今ではほとんどの金融機関で合計金額を借りられるようになっている。例えば、物件購入価格が4000万円で、リフォーム費用が700万円の場合に、合計の4700万円を住宅ローンとして借りられる。しかし、ここでも先ほどの「建物知識」の壁が出てくる。銀行に融資の申し込みをする際にリフォーム費用がどれくらいかかるのか、おおよそ見えていないと総額が決まらないからだ。また、具体的な見積書の提示を求められることもある。

さらに中古住宅購入にリフォームをセットで行う経験の少ない不動産会社などの場合、購入後にリフォームの詳細な見積もりを行った結果、当初の申込金額では足りず、追加で自己資金を用意する必要が生じてしまうこともある。

ともかく、リフォームを伴う売買では、その知識を有する不動産会社選択が最も重要になる。

図表 建設業免許の要件とは

経営の安定性

経営業務の管理を適正に行う能力

①建設業に関し5年以上経営業務の管理責任者としての経験を有する常勤役員等（経営業務管理責任者）を置かなければならない。
②適正な社会保険に加入していること。

財産的基礎

請負契約を履行するに足りる財産的基礎または金銭的信用を有していること。

技術力

営業所専任技術者の設置

その営業所ごとに、建設工事の施工に関する一定の資格または経験を有する技術者で専任のもの（営業所責任技術者）を置かなければならない。

〈営業所専任技術者の要件〉
特定建設業許可：監理技術者の要件と同等
一般建設業許可：主任技術者の要件と同等

適格性

誠実性

役員等が請負契約に対して不正または不誠実な行為をするおそれが明らかな者でないこと。

宅建業免許と建設業免許の両方を持っている会社とリフォームの相談をするのも有力な方法だ。

建設業免許のある
不動産会社なら
リフォームの相談、
できそうね！

リフォーム会社の探し方と選び方

成功するマンション購入は、リフォーム次第でもあると伝えてきた。では、リフォーム会社をどう探し、選べばいいのか、について解説していこう。

不動産会社の側から見ると「少しでも資産価値の高いマンション」を選ぶべきだと主張するが、リフォーム会社の側から見ると「少しでも快適な住空間」を作るべきだと主張する。どちらも正しい意見である。問題は、その双方の主張の間に挟まれる住宅購入者が、どうすべきか判断できないことだ。

「少しでも資産価値の高いマンション」にこだわると、物件価格が高くなり、リフォーム費用が削られる。また、「少しでも快適な住空間」にこだわると、リフォーム費用が高くなり、物件の条件は妥協しなければならない。しかし、本書で指摘しているのはその双方がバランス良く成就することであり、そのためにどのような選択をしていけば良いのか、である。

不動産会社と並行してリフォーム会社を探す方法

そのためのリフォーム会社選びには、三つの方法がある。一つ目は、物件探しを依頼する不動産会社と並行して、リフォーム会社を別に探す方法だ。二つ目は、物件探しを依頼する不動産会社から紹介してもらう方法である。そして、三つ目が「建設業免許」等の建物知識のある不動産会社を見つけて物件探しをしてもらう方法である。それぞれメリットとデメリットを解説していこう。

まず一つ目の、リフォーム会社を単体で探す方法だが、まず国土交通省の告示による「住宅リフォーム事業者団体登録（＊1）」に登録されている16団体（**図表**）のいずれかに加盟している会社であることが必須であると言える。この登録制度は、住宅リフォーム事業の健全な発達及び消費者が安心してリフォームを行うことができる環境の整備を図るために同省が創設した制度である。ただ、16も団体があるので、その中でもより住宅系に強い一般社団法人日本住宅リフォーム産業協会（＊2）から探してみると良いだろう。

ここで注意して欲しい点がある。それは、リフォーム会社としてはきちんとしていても、不動産売買に伴うリフォームの経験が少ない会社も多いことだ。あくまでも住宅購入とセットであることから、リフォーム会社と不動産会社が連携する場面が必ず出てくる。これまでそのような経験があるかどうか。また、積極的に連携に関わってくれそうであるかどうか、をきちんとヒアリングしてほしい。

依頼した不動産会社から紹介してもらう方法

二つ目が物件探しを依頼する不動産会社から紹介してもらう方法である。この場合のポイントは、会社として連携しているリフォーム会社であるか、ということだ。会社として物件探しからリフォーム会社への連携に慣れている場合は、取引がスムーズであるメリットがある。

ただし、よくあるのが担当者やその上司が個人的に知っているレベルの紹介だ。このパターンはお勧めできない。リフォーム会社の技能や実績よりも個人的なお付き合いをベースにしているので、客観的な判断がしづらいためだ。また、どちらにしても不動産会社を通じて紹介されるリフォーム会社である場合は、不動産会社に紹介料などが支払われることも多く、どちら側の立場で仕事をしてもらえるのかが曖昧なこともあるので

＊1　https://www.j-reform.com/reform-dantai/

＊2　https://www.jerco.or.jp/

注意が必要だ。そして、この場合においてもその会社が先ほどの「住宅リフォーム事業者団体登録」の登録会社かどうかを確認することをお勧めする。

リフォームの経験豊富な不動産会社を探す方法

最後は、物件探しを依頼する不動産会社で、建物の知識や「建設業免許」等を保有している会社を探すことだ。この場合のメリットは、物件探しとリフォームのトータルでワンストップ提案してもらえる可能性が高いこと。どちらかに偏らずに提案してもらえることは大事なポイントである。ただし、単に「建設業免許」があっても、新築分譲がメインでリフォーム提案が得意ではない場合があるので、そこは注意が必要になる。

さらにリフォームでのトラブルを防ぐために、国土交通省は指定した住宅瑕疵担保責任保険法人を通じて「リフォーム瑕疵《かし》保険」制度を設けている。リフォーム瑕疵保険では、リフォーム工事の施工中や工事完了後に、第三者検査員（建築士）による現場検査を行っている。これにより、質の高い施工が確保されると共に、後日、工事に欠陥が見つかった場合に、補修費用等の保険金が事業者（事業者が倒産等の場合は発注者）に支払われ、無償で直してもらうことができる。

リフォーム会社が、この保険を活用するためには、先ほどの国土交通省の指定する保険法人に事業者登録していなければならない。この保険が扱えるか否かも、責任あるリフォーム会社の選択基準と言える。

図表　「住宅リフォーム事業者団体」登録の16団体

- 一般社団法人 マンション計画修繕施工協会
- 日本木造住宅耐震補強事業者協同組合
- 一般社団法人 ベターライフリフォーム協会
- 一般社団法人 リフォームパートナー協議会
- 一般社団法人 住生活リフォーム推進協会
- 一般社団法人 住宅リフォーム推進サポート協議会
- 一般社団法人 全国古民家再生協会
- 一般社団法人 ステキ信頼リフォーム推進協会
- 一般社団法人 日本住宅リフォーム産業協会
- 一般社団法人 リノベーション協議会
- 一般社団法人 日本塗装工業会
- 一般社団法人 全建総連リフォーム協会
- 一般社団法人 JBN・全国工務店協会
- 一般社団法人 住活協リフォーム
- 一般社団法人 木造住宅塗装リフォーム協会
- 一般社団法人 日装連リフォーム推進協議会

左のマークがついた上の団体登録会社を探すのも有力な方法です！

住宅リフォーム
事業者団体
国土交通大臣登録

事例から学ぶ「不動産」＋「リフォーム」の問題点

3つの事例紹介から学ぶ注意すべきポイント

前項で、リフォーム会社の探し方と選び方についてご説明した。だが頭でわかっていても、いざ目の前に親切な担当者がいると、どうしても信用してしまいがちだ。もちろん信用した結果、良い物件やリフォームに出会えることもある。決して全てがダメなわけではない。ここでは、前項（86P）の三つの選び方それぞれの事例紹介と、注意すべきポイントを見ていくことにしよう。

不動産会社とリフォーム会社を別々に探すと思惑が異なり依頼者が混乱するケースも

一つ目は、物件探しを依頼する不動産会社と並行して、リフォーム会社を別に探したケースである。ある依頼者が都内城西地区に総予算４５００万円程で２ＬＤＫの物件を探していた。その方はインターネットで見つけたあるリフォーム会社さんから、

「不動産屋に行くと、４５００万円の予算目一杯の物件を紹介される。お客様の要望を叶えるにはリフォーム費用として１０００万円ほどかかるので、不動産屋には物件の予算は３５００万円と言ってください」と言われた。

不動産物件３５００万円＋リフォーム費用１０００万円で総予算４５００万円という計算になる。

そう言われた依頼者は正直に不動産会社で予算を伝えた。しかし、その方の年収から不動産会社の担当者が計算すると５０００万円ほどは借りられることがわかり、やはり予算目一杯の素敵な物件を紹介されたという。実は、こういうパターンが最も多いのだ。双方がそれぞれのプロとして語る言葉に嘘はない。しかし、板挟みの消費者はもはやどちらが正しいかわからなくなってしまう。

このケースの重要なことは、あくまでも「物件購入」と「リフォーム」はセットであり、その意向についてそれぞれ関わる事業者が理解できていないことである。腕は良いが、思惑の異なるリフォーム会社と不動産会社の担当者の言うことを聞いていただけでは、理想の住まいは手に入らない。

不動産会社からの紹介ではリフォーム会社の下請け的言動に注意

事例① 不動産会社とリフォーム会社を別々に探すと思惑が異なり、依頼者が混乱する

リフォーム会社
リフォーム費用 (1,000 万円) を考えると、不動産会社には予算は 3,500 万円と言っておいてくださね。

依頼者
わかりました・・・・・。

自分の探した不動産会社に3,500万円で相談すると

不動産会社
お客さまの年収からすると、5,000 万円は借入れできます。予算、少なすぎです！

予算目いっぱいの5,000万円の物件を紹介される

依頼者
こりゃ困った、どうしたらいいんだ！

二つ目は、物件探しを依頼する不動産会社から紹介してもらったリフォーム会社のケースである。物件探しを依頼していた不動産会社の担当者はとても親切だった。スムーズに物件も見つかったタイミングで、「良いリフォーム屋さんを紹介します」と言われて、商談に入った。

この場合は、リフォーム会社はあくまでも不動産会社の下請け的なポジションになるので、前記のパターンに比べればスムーズに進むことになる。

物件の契約までに一度だけリフォーム会社と商談し「とりあえず住宅ローンの審査のために見積もりを出してもらいましょう」ということで見積もりを出してもらう。総予算が決まったところで物件の契約が完了した。

問題はここからだ。物件の契約が終わった日以降のリフォーム会社との打ち合わせには「私はリフォームの専門ではないので、直接話してもらった方がスムーズですから」と、不動産会社の営業担当者は一度も同席しなかった。打ち合わせを数回重ねていくうちにリフォーム担当者との相性も徐々に合わなくなり、(不動産会社の)営業担当者への不信感も相まって、

「すいませんが、別のリフォーム会社とも相談して良いですか?」

と話した。

すると、その担当者からは、

「もちろん構いませんけど、物件の引渡しまでにはどこでやるか確定してもらわないと困りますので、気をつけてください」

そう言われ、慌てて数社に打ち合わせることになった。ところが、ここでリフォーム金額について、新たな相談先から、「こんな金額ではできません」と、驚きの言葉が帰ってくる。

最初に相談した不動産会社の営業担当者を通じて出てきた見積もりが約300万円だったが、他のリフォーム会社のいずれも500万円以下ではできないと言うのだ。どうやら、依頼者の要望を聞いて見積もった最初のリフォーム会社は間に入っていた営業担当者の言う通りに、最低限の金額で仕様や施工法を計画していたようだ。ただし、依頼者が本当に望むリフォームとは遠くかけ離れた内容だったのである。

このケースで重要なことは、一度の打ち合わせで伝えた要望で予算を組み立ててしまったこと、そして依頼者の要望を引き出すこと

事例②　不動産会社に紹介されたリフォーム会社
下請け的言動に注意が必要だった

依頼者は理想のリフォームイメージを伝えたつもり

不動産会社担当者

私はリフォームの専門家ではないので、(弊社が紹介する)
リフォーム会社と直接話してもらったほうがスムーズに行きます。

紹介されたリフォーム会社、見積りは安かったが、話が噛み合わない

依頼者

どうもリフォーム会社の担当者と
相性が合わないのです。
別のリフォーム会社とも相談した
いと思っていますが…。

不動産会社担当者

かまいませんけど、物件の引渡しまでにはど
こでやるか決めておいてくださいね。

新しいリフォーム会社担当者

この予算(300万円)じゃリフォームできま
せんよ、500万円は用意してください。

依頼者

こんなにリフォーム費用がかかる
なんて、そんなこと聞いてなかっ
た・・・。どこで間違えたのか!

よりも物件の契約が大事な不動産会社が取り仕切ったことにある。まさに建物の知識のない不動産会社を窓口としたデメリットが出てしまったケースといえる。

建設業免許のある不動産会社　リフォームより新築物件に誘導されるケースも

　そして、三つ目が「建設業免許」等の建物知識のある会社に依頼したケースである。とある不動産ポータルサイトに掲載されている、予算も手頃なマンションの問い合わせをした依頼者がいた。扱う不動産会社からその物件の内覧の手配をしてもらう。理想の住まいを自分たちで作りたいという思いを事前に伝えておき、内覧当日は複数の中古マンションを見学することになった。しかし、どの物件を見ても営業担当者からは「中古は何があるか不安ですからね」といったネガティブな話ばかりを聞かされた。

　それでも気に入った物件があり、リフォームの相談をしたいと依頼することになった。「建設業免許」もあるのでスムーズに見積もりが提供されると思いきや、その営業担当者からは、

「打ち合わせが来週の週末。そこから見積もりに更に一週間くらいかかります。その間に他の物件も見ておきましょう」と言われた。

　言われるがまま、他の物件を見学することになったが、その物件は全て新築戸建で、予算を遥かに超える物件ばかりだった。

　聞けば、それら新築戸建は全てその不動産会社の建てた分譲住宅だった。明らかに売りたい物件に誘導されていることがわかる。また、ようやく出てきたリフォームの見積もりも予算内には到底収まらなかった。

　結局、この会社との商談は中止し、別の業者探しとなったわけだ。このケースでは「建設業免許」があったとしても、その不動産会社のメインが新築住宅の販売であったことが問題の始まりであった。

　こうした会社でもリフォームを行う会社もあるが、まずは事例などを確認することがポイントだったと言える。特に、不動産会社との出会いは「物件」である場合が多いため、その会社がどんな会社か、についての確認がおろそかになるケースはとても多いようだ。「物件選び」は「会社選び」から始まるということを再認識したい事例である。

事例③　建設業免許のある不動産会社
しかし見せられるのは新築物件ばかり・・・

複数の中古別件を見学することに

営業担当者
中古物件は何があるか、不安ですからね。
新築でいい物件があるんです。

依頼者
これまで見た中に気に入った物件もあるので、
リフォームを相談したいんですが…。

紹介されたリフォーム会社、見積りは安かったが、どうも話が噛み合わない

営業担当者
（リフォーム）の打ち合わせが来週の週末、そこから
見積もりに1週間ぐらいかかります。その間、他の物
件も見ておきましょう。

依頼者
しかたない。見学だけは
させてもらうか。

さらに見せられたのは予算オーバーの自社新築物件ばかり

依頼者
今回の商談は中止するしかないな。建設業免許があるから、
リフォームも詳しいと思ったんだけれど…。

第7章

賢いマンション売却のイロハ

中古マンションの売買（取引件数）が年々増えている中、スムーズに売却するには類似物件との差別化が求められる。また「購入」と「売却」では、実は不動産会社の仕事内容が違い、売却ノウハウにも差がある。一生に何回もない売却だからこそ、失敗しないための準備も意識したい。

高く売るために
チェックすべき購入時のポイント

目先の安さアピールは問題の先送りになる

「マンションは管理を買え」、不動産業界では、昔から言われる格言である。20年ほど前、旧友が新築マンションを購入し自慢げにこう話していた。「うちのマンションは、管理費とか積立金が凄く安くて良いんだよ」。私は、直感的に「それ大丈夫なの?」と思ったが、幸せそうな友人にそのことは言えなかった。

最近、その友人と話す機会があり、その後どうなったかを聞いたが、「いや、それが何回も値上げされて困っている。子供にもお金がかかる時期なのに・・・」と、こぼしていた。

図表1をご覧いただくと、修繕積立金の㎡あたりの単価がわかる。当然ながら築年数の経過とともに修繕すべき箇所も増えるため、㎡当たりの単価は上がるが、それを見越して新築時から高めに設定しようという傾向が2021年から出てきた。

ようやく、目先の安さをアピールすることは問題の先送りであることが常識として捉えられる時代になった。

適性管理と省エネ等の環境性能で価格差

さて、マンションの価値を大まかに決める要因は、「変えられるもの」と「変えられないもの」に分けられる。「変えられるもの」とは、自らのマンションの問題だ。具体的にはマンションを構成する「共用部」と「専有部」、この両方の価値を高めることである。

その一つが、先ほど指摘した修繕積立金の額が適正であるかという問題だ。マンションはおおよそ12年周期で大規模修繕が行われるが、修繕積立金が不足していると先延ばしになったり、別途集金されたり、あるいは管理組合で金融機関から借入をするなどの問題が生じる。

現実に、今取引されている中古マンションのほとんどが数年以内の修繕積立金の増額を余儀なくされる可能性が高いと言われている。また、専有部については例えば省エネ性能の差が将来の売却金額にも影響してくる。これらは、2022年4月から始まった「マンション管理適正評価制度」(**図表2**)の普及によってその差を広げることになる。

この制度は、マンションの管理や管理組合の運営状況な度を評価して公開するもので、一般社団法人マンション管理業協会(＊1)によりサイト運営されている。

また、東京都でも延5000㎡を超える新築・増改築を行う建築物には、マンション環境性能表示が義務化されており、2000㎡以上でも任意だが表示(＊2)されることになっている。

こうした背景を踏まえ、これからのマンションは「適正な管理」、そして「省エネ等の環境性能」によって価格差が生じてくる時代になる。

駅からの距離や買い物施設や学校等の状況もチェックを

さて、もう一つの「変えられないもの」の代表は駅からの距離である。一般的にマンションは駅から5分以内と言われるが、駅からの距離によって将来的な価格下落率に画一的に差が生じるというデータはなく、区ごとや市ごとによってばらつきがある。しかし、売れやすさという比較では、駅から近い方が早く成約する傾向があることはわかっている。

また、「変えられないもの」には、近隣の買い物施設や学校等が挙げ

＊1　https://www.mansion-evaluationsystem.org/

＊2　https://www7.kankyo.metro.tokyo.lg.jp/building/mansion/index.html

図表1

建築年別で見た修繕費積立金の動向

	建築後経過年数年（目安）	月額修繕費積立金円	㎡当たり修繕費積立金円
1968年	54	10,430	204
1969年	53	10,503	204
1970年	52	11,009	206
1971年	51	11,553	221
1972年	50	10,867	208
1973年	49	10,461	197
1974年	48	10,432	193
1975年	47	10,483	185
1976年	46	9,664	177
1977年	45	10,353	184
1978年	44	14,316	257
1979年	43	10,209	179
1980年	42	11,448	192
1981年	41	10,789	174
1982年	40	11,535	188
1983年	39	10,893	184
1984年	38	10,823	196
1985年	37	11,199	204
1986年	36	11,272	191
1987年	35	10,999	196
1988年	34	9,973	193
1989年	33	11,412	195
1990年	32	11,082	188
1991年	31	10,334	196
1992年	30	10,992	196
1993年	29	11,969	193
1994年	28	12,261	191
1995年	27	13,576	207
1996年	26	13,154	200
1997年	25	13,419	199
1998年	24	13,714	201
1999年	23	13,263	195
2000年	22	13,807	197
2001年	21	13,951	192
2002年	20	14,990	206
2003年	19	14,598	202
2004年	18	14,320	204
2005年	17	13,886	199
2006年	16	13,302	193
2007年	15	13,360	189
2008年	14	13,433	188
2009年	13	13,497	198
2010年	12	12,766	190
2011年	11	11,471	174
2012年	10	11,347	173
2013年	9	11,333	172
2014年	8	10,435	159
2015年	7	11,023	166
2016年	6	9,937	150
2017年	5	8,483	132
2018年	4	7,421	115
2019年	3	7,038	116
2020年	2	6,883	111
2021年	1	7,541	121

（注）年間100件以上の成約報告があった築年数のみ掲載。

図表2

マンション管理適正評価制度の評価項目と主なチェックポイント

評価項目	主なチェックポイント
①管理体制	・管理組合の事業計画 ・総会の開催 ・総会の議事録の作成 ・管理規約の整備状況 ・会計・業務監査機能のための監事の選任
②建築・設備	・長期的な修繕工事の計画の有無 ・法定点検の実施・記録の有無
③管理組合収支	・滞納発生状況・滞納住戸への対応状況 ・管理費会計・修繕積立金会計の決算状況 ・修繕計画に基づく資金計画
④耐震診断	・耐震診断の実施の有無 ・耐震改修工事の実施・計画予定の有無
⑤生活関連	・防災マニュアルの作成有無 ・防災訓練の実施状況 ・居住者名簿の作成状況 ・設備等異常時の緊急対応

（出典：国土交通省『「マンション管理適正評価制度」について』）

修繕積立金不足への新たな動き

修繕積立金不足の問題だが、国土交通省では積立金不足から過度な積立金の値上げなどが生じる問題について、安定的な徴収を進められるよう、2024年夏ごろをメドに具体的な指標など、対策をまとめるようだ。（編集部注）

られる。しかし、これについては、人口予測などの資料によってある程度わかる。人口の増減はマンション価格に大きな影響を与えるので、それを加味した判断も必要となる。また、最近では空室や賃貸に出される部屋の増加による管理状況の悪化や管理組合の機能不全なども増えている。マンションを購入する場合には、こうした点にも注意すべきだろう。

売る場合に押さえておきたい不動産会社の選び方

不動産会社の業務に賃貸と売買があるが、実は売買の中でも「購入」と「売却」ではそのノウハウに違いがあることはあまり知られていない。不動産会社のホームページを見ると、ほとんどの会社が物件情報を掲載している。つまり、「購入」する人に対しての情報提供ということだ。それくらいほとんどの不動産会社は、「購入者」をメインにしていると言える。中古マンションの売却を成功させる要因の8割は、不動産会社選びが握って言えるといえるのは、ここに理由がある。この8割という数字はおおよその経験則に基づくものだが、それくらい不動産会社選びが重要だということである。

売却のための7つのポイント

では、「売却」のノウハウがある不動産会社はどう見極めれば良いのか。7つのポイントを解説していこう。

①売却に特化したノウハウを持っている

例えば、家の中に家具などの荷物をできるだけ置かないほうが、買主に好印象を持ってもらいやすい。荷物の一時預かりサービスが使えれば、家の中をスッキリと見せることができる。さらに、見栄えのよい家具や家電を置くなど、室内をモデルルームのようにして魅力的に見せる「ホームステージング」という方法がある。また、Webサイトに物件情報を掲載する際に、室内の家具や荷物をCGで消すことも可能だ。このようなサービスの有無で、売却ノウハウがある会社なのかを見分けられる。

②売却のストーリーや手順を説明してくれる

住宅の住み替えは資金計画やタイミングが難しく、手順を間違えると、トラブルに見舞われたりもする。「どのタイミングで売り、どれくらいの売却代金が入り、ローンの返済と頭金でどれくらいの物件が購入できるようになるか」「仮住まいするとしたらいつぐらいに引っ越して、いつぐらいに新居を購入するか」といった、ストーリーや手順を明確にしてくれるかどうかを聞いてみよう。

③中古住宅用「瑕疵《かし》保険」を取り扱っている

不動産を売りやすくするには、買主の不安を解消してあげることが大切だ。

例えば、「売った後にどんなトラブルが発生するかわからない」というのも買い主の不安のひとつである。新築では義務化される保証だが、中古マンションにはない。しかし、国土交通省指定の法人が提供する中古住宅用の「既存住宅売買瑕疵保険」（**図表1、2**）という制度がある。これを活用することで中古住宅にも保証が付き、売りやすくなるのだ。この保険の扱いがあるか否かでノウハウの有無が計れる。

④売却に関する情報がホームページで充実している

購入者向けの情報を掲載しているだけではなく、売却に関するノウハウや実績などがきちんと掲載されているかどうか。このことから、その会社が売却に力を入れていることがわかる。また、不動産会社の経営方針や事業実績、コンプライアンスに対する方針なども確認しておきたい。会社の姿勢を知る目安になる。

⑤リフォーム提案ができる

中古マンションの売買にはリフォームがつきもの。購入を検討する依頼者からは、「リフォームが必要なのはどの箇所で、いくらぐらいかかりますか？」という質問をよく聞く。それに対して、「キッチンの交換はした方がいいですね。100万円くらいになります」などとアバウトに回答していたら、購入希望者はその情報を鵜呑みにして、「物件価格＋100万円か……」などと判断してしまう。

そのようなあいまいな情報ではなく、正確なリフォーム費用を教えてあげた方が、買主にとってイメージがしやすくなる。リフォームを行っている、または綿密に連携している会社があることは大事なポイントになる。

⑥売却に関する税金情報を提供している

不動産の売却に当たっては、譲渡税や所得税など複雑な税制が絡んでくる。自社のパンフレットを提供できるなど、税金に関する詳しい情報を提供してくれる会社かどうかは、大切なポイントになる。

⑦インターネット広告を豊富に出している

物件情報をきちんと消費者の目に届かせるためには、インターネットによる広告が欠かせない。「スーモ」「ホームズ」「アットホーム」などの三大不動産ポータルサイトがあるが、全部、あるいは最低でも2つに掲載してもらえるかどうか、確認しよう。大手不動産会社の中には、自社サイトに情報を載せて終わり、という対応もよくある。しかし、自社サイトだけでは、幅広いユーザーに情報を届けることはできない。

なお、ポータルサイトに広告を出すには広告費がかかる。不動産会社は、売買契約が決まったら受け取る仲介手数料の中から広告費を捻出することになる。したがって、広告費をどれだけかけるかで、本気度も見えてくる。

図表1 個人間売買瑕疵保険（検査事業者コース）の特徴

あんしん既存住宅個人間売買瑕疵保険（検査事業者コース）の仕組み

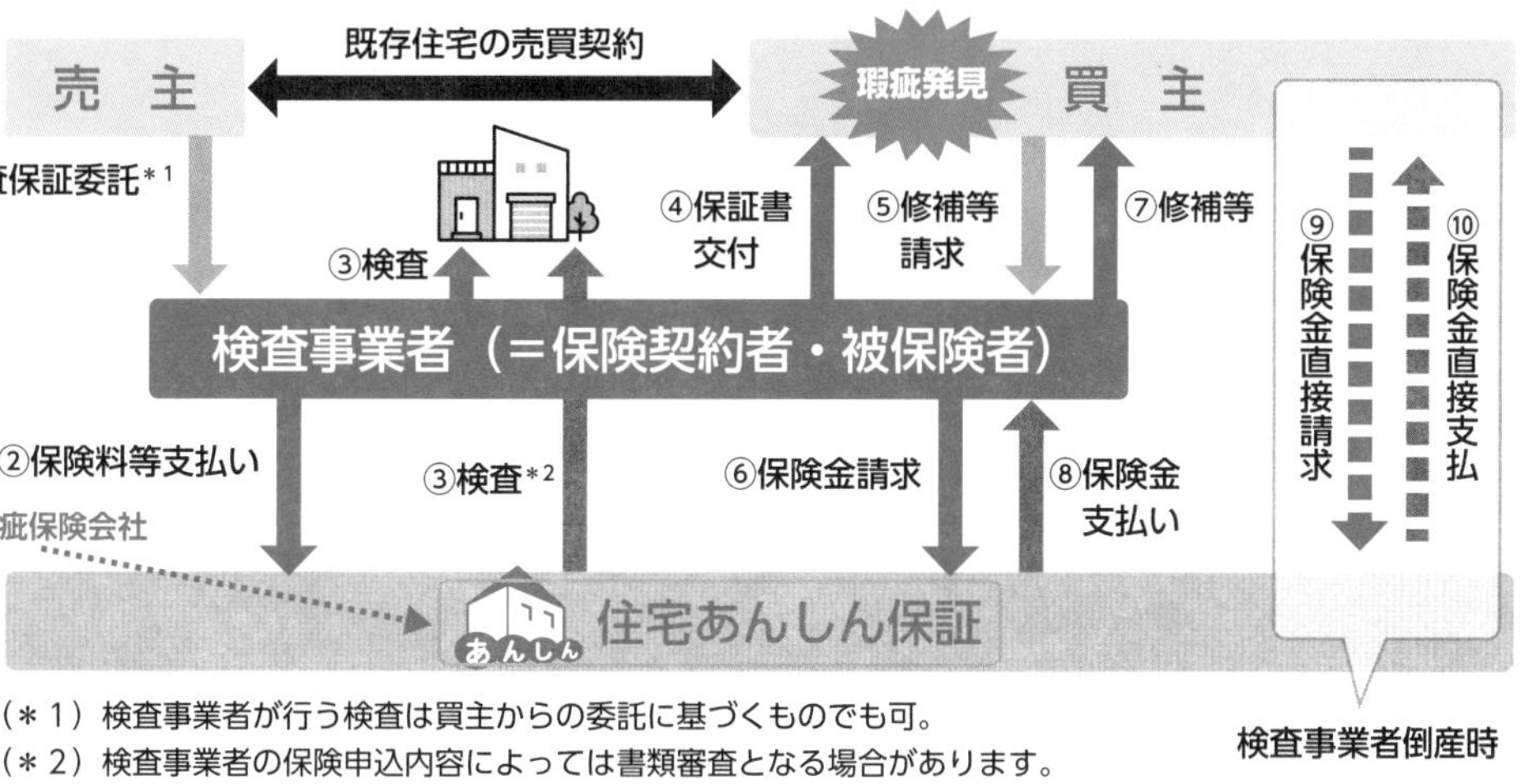

（＊1）検査事業者が行う検査は買主からの委託に基づくものでも可。
（＊2）検査事業者の保険申込内容によっては書類審査となる場合があります。

（注1）国土交通大臣から指定された住宅専門の保険会社（保険法人）が、原則として建築士による現場検査を行った上で引き受けます。
（注2）保険対象住宅の基本構造部分に瑕疵があった場合の修補に要する費用を保険でお支払いします。保険事業者が倒産等の場合等の事由のときは、買主が直接保険金を請求することができます（さらに詳しくは　あんしん既存住宅個人間売買瑕疵保険（検査事業者コース）パンフレットを参照）。

図表2 これが保険の対象となる部分

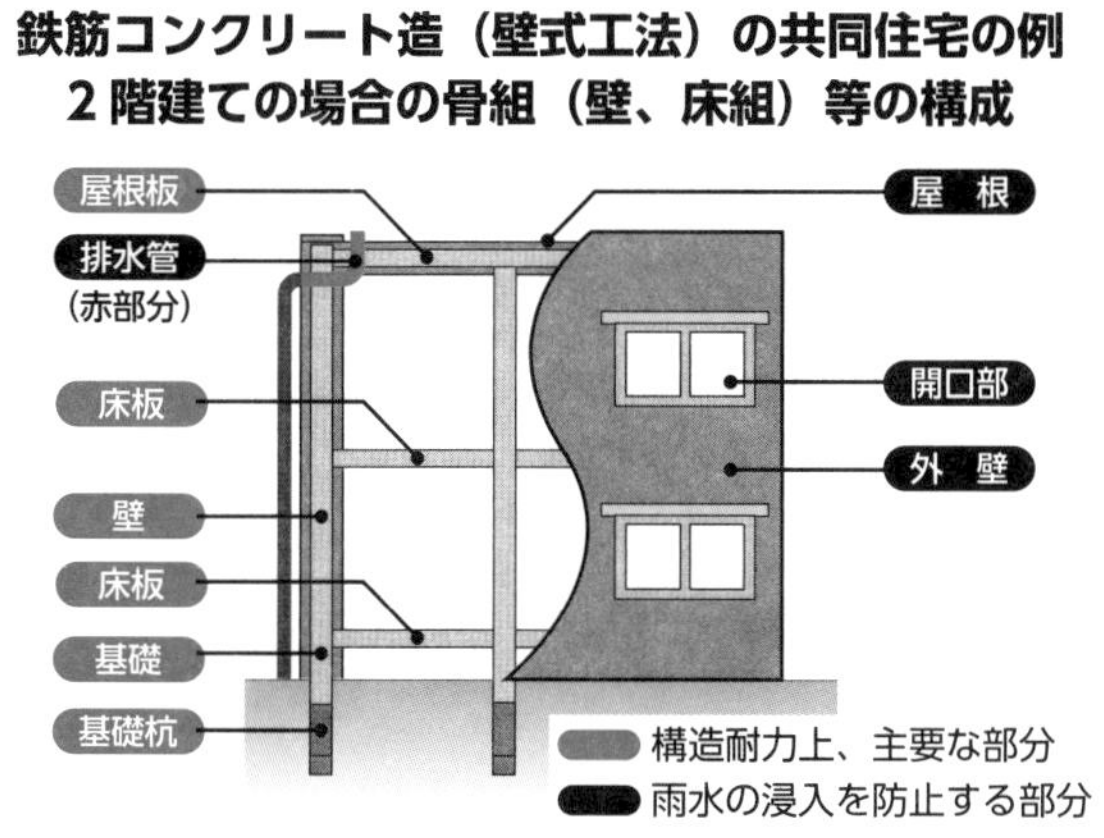

保険対象住宅の基本構造部分の瑕疵が保険の対象となります。基本構造部分とは住宅の品質確保の促進に関する法律（以下「住宅品質確保法」といいます）および同法施行令で定められた柱、基礎などの構造耐力上主要な部分および外壁、屋根などの雨水の侵入を防止する部分を指します。

出典：図表1，2ともに株式会社住宅あんしん保証 HP

「仲介で売却」と「下取り」の大きな違い

不動産会社に売却の相談をすると、まず査定に来てくれる。設備機器の劣化具合や、フローリングやクロスの状況、陽当たりや眺望などを確認して、査定金額が出てくる。

マンションの場合は「取引事例比較法」という、周辺の類似物件との比較によって金額を決める査定方法で算出さる。この査定金額は一般の消費者（個人）に売却することを想定したもので「仲介で売却」することを前提にしている。

しかし、あくまでも不動産売買における査定金額は「売りに出す金額」であり、「売れる金額」ではないことに注意が必要である。

プラス・マイナス7％は動く仲介での査定金額

いざ市場に出してみた結果、その通りにすぐに購入者が現れる場合もあれば、なかなか売れずに数カ月かかる場合もある。査定金額は一般的に、2〜3カ月あれば売れそうな金額だ。その金額を仮に３０００万円としよう。この場合、売却する人が契約成立を急いでいなければ、もう少し高い金額で出すこともある。「チャンレンジ価格」とも言うが、概ね２００万円ほど高く売りに出して様子を見ることになる。逆に、売却する人が急いでいる場合には当初の査定金額より少し低い金額で売りに出すこともある。急いでいる度合いにもよるが、２００万円ほど安く出すことになる。お分かりの通り、当初の査定金額からプラス・マイナス7％程度（プラス・マイナス２００万円）の間で売買が成立する可能性が高くなるわけだ。

ここで、もし売却する人が現金化をさらに急いでいる場合には、不動産会社による「下取り」（買取り）という選択がある。この場合は、先ほどの「仲介で売却」する場合のように、いくらで売れるのかが市場に出してみないとわからないのと比べて、買主が不動産会社であるため、提示された金額で購入してもらえるメリットがある。

下取りは売却側だけでなく不動産会社にもさまざまなメリットが

しかし、問題なのは「下取り価格」がいくらになるか、である。不動産会社が「下取る」目的は、事業上のメリットがあるからだ。それは、下取った物件を転売することで得られる利益に他ならない。当然に「下取り」金額が安ければ安い方が良いということになる。一般的に、「下取り」の金額は市場価格の7割程度となる。高く買ってくれたとしても8割程度になる。先ほどの査定金額が３０００万円の「仲介で売却」の場合には、２１００〜２４００万円ということになる。

ちなみに、「下取った」不動産会社はその物件を一旦会社の名義に変えて、リフォームを行い、利益を上乗せして市場に売りに出すことになる。こうして売りに出てきた物件が、78Pで解説したような「リフォーム済」物件として、新たな買主に売買されることになる。

売却する側から見れば、明らかに「仲介で売却」の方が手にする金額は圧倒的に多くなるので、「下取り」を選択する人はいないのではないか、と思われるだろう。

だが現実には、例えば自宅を売却して次の家を購入・あるいは新築している場合に、その買い替え先の引き渡しが近くなってきた場合などは、売却資金を次に充当する関係から、すぐに現金化できる方法を選択する人もいる。また、相続で取得した物件などで現金化を急ぐ人もいるだろう。そういう場合には、とても役立つ選択肢であるとも言える。

下取りで不動産会社に振り回されないよう注意を

　ところが、現実的には売却する人は少しでも多く現金を手にしたいと思っているのに、不動産会社がきちんと販売戦略を立てて売却活動をしなかったために、結果的に時間もなくなって「下取り」等になってしまう事例が後を立たない。

　さらに悪質なのは、不動産会社が最初から「下取り」に仕向けようと企んでいることもあるから注意が必要だ。売却を依頼した不動産会社が、ある「下取り」専門会社等を連れてくる場合、その「下取り」会社からも契約時に仲介手数料をもらうことになる。つまり、売却する人からの仲介手数料と、その下取った会社からの仲介手数料がダブルで手に入る。なおかつ、その下取った会社がリフォームして再販売する際の販売活動も優先的に行えることから、そこでもまた仲介手数料を得るチャンスがある。

　こうしたことから、多くの不動産会社は「下取り」に導きたいというのが本音だとも言える。もちろん「下取り」をしてもらう側のメリットもある。けれども、金銭的なデメリットも併せて考えて、不動産会社に振り回されないようにしたいものだ。

図表　**下取り（買取り）させる不動産仲介会社のメリット**

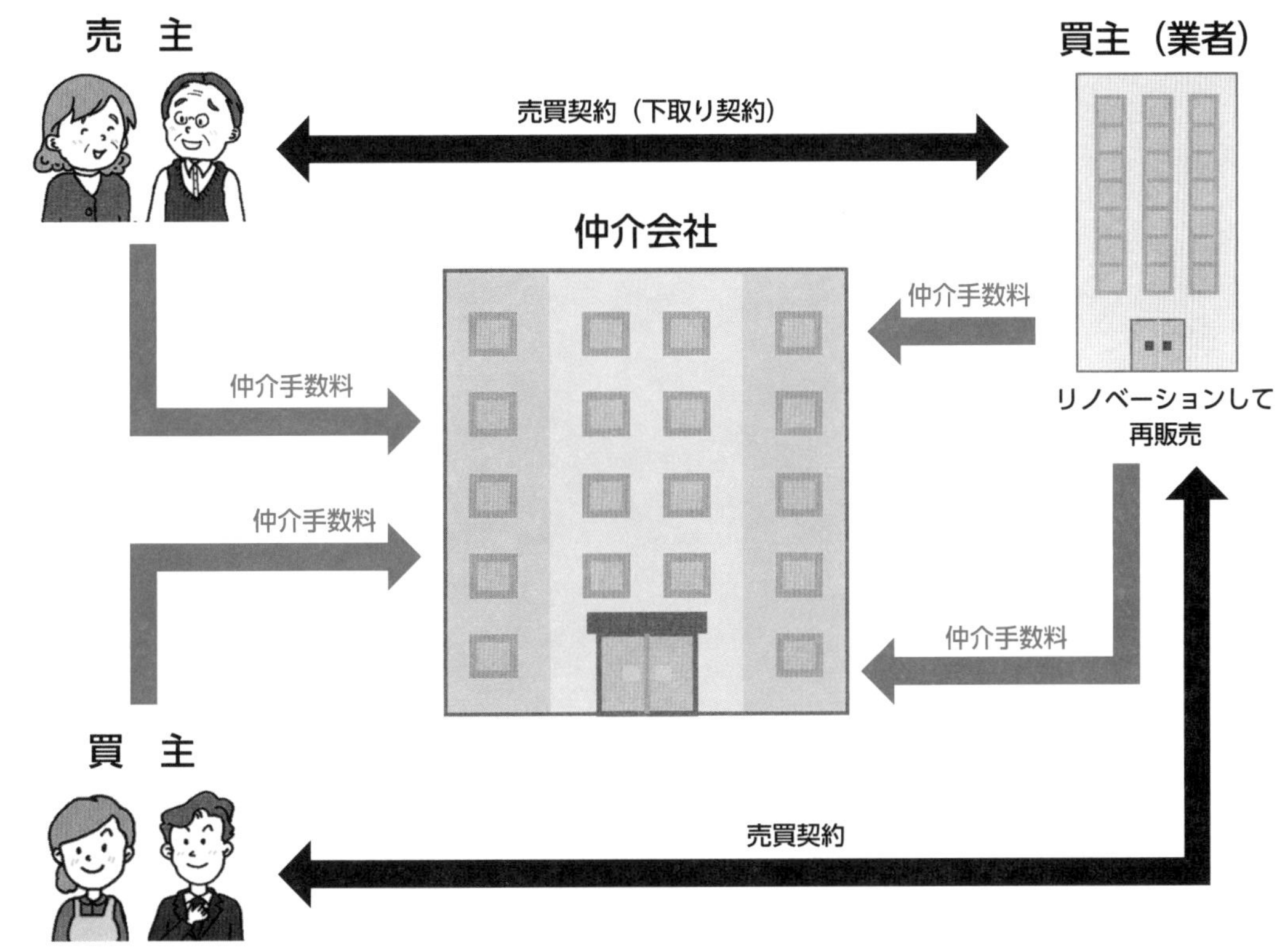

＊不動産仲介外車は、仲介手数料が最大４倍になる

ここまで差がつく「売却テクニック」

「夢のマイホーム」とかけ離れた現実の見学

日本の中古住宅は、そのままの状態で売りに出されることがほとんどだ。多くの場合は住みながら売却する。購入者は、その部屋を見学に行くと、キッチンには食べ終わった食器が置かれたままで、洗面所のカゴには洗濯物が積まれている光景を目にする。もちろん、とても綺麗に使う人もいるし、片付けてから見学者を受け入れる人もいる。ただしそうでない状態で見学者を迎え入れている物件が多数ある。

売却される方の立場から言えば、「それは仕方のないこと。小さな子供がいて部屋が散らかるのは当然」となるだろう。それはもちろん正しいのだが、購入者の立場に立てば、「夢のマイホーム」という憧れの世界からはほど遠い現実的過ぎる状況に映る。新築のマンションを買うときは、素敵なショールームで夢を膨らませることだろう。「住みたい」「欲しい」と思ってもらうことこそが、早く良い条件で売却できることなのは、お分かりいただけるはずだ。

事実、日本よりも桁違いに中古住宅が取引されている欧米では、中古であったとしても、それを「夢のある住宅」にすることでより良い条件での取引が行われている。

ホームステージングで好条件での成約につなげる

例えば、「ホームステージング」である。先ほど、新築マンションの購入時には「ショールーム」で夢を膨らませると書いたが、あのショールームにあるテーブルやソファ、その他家具や絵は当然レンタル品である。このように部屋をショールームのように仕立てることを、ステージングすると言うのだ。米国で売りに出される中古住宅のほとんどが「ホームステージング」されている。

しかし、日本は米国ほど広い家も少なく、荷物も多い中で同じようにすることは困難である。それでも、部屋の中の荷物を外部で一時預かりにするなどの提案によって、室内をステージングによる好条件で成約した事例も多数ある。もちろん、物理的にできる場合とできない場合があるが、それでも不動産会社がそうした提案ができるかが重要になる。

また、「ホームステージング」ができない場合でも、購入者の未来の暮らしをイメージさせる手法もある。それは、VR（バーチャルリアルティ）などによって購入後のリフォームイメージを再現させるものである（**写真**）。

中古マンション購入者の多くがリフォームしている

図表をご覧いただくとわかるように、中古マンションを購入した方のうち、リフォームしていない物件の場合は60％以上が購入時および購入後早い段階でリフォームをしていることがわかる。さらに言えば、仮にリフォームしてある物件を買ったとしても、40％以上の人がリフォームをするという事実である。

ちなみに、この調査対象の方々の購入した物件の約40％が築後15年以内という比較的新しい物件であることを考慮すると、それ以上の築年数では、さらにリフォームの実施率は高い。

つまり、購入者はその物件の「今」を買っているのではなく、リフォームして理想の住まいを実現する「未来」を買っているのだ。したがって、売却においてはいかにその「未来」を想像できるようにしてあげるかで、売却の成功率が上がるということになる。その手法が「ショールーム戦略」だと言える。

新築マンションが売れやすいのは、夢の世界をイメージできる「ショールーム」があることが重要で、中古マンションでも同じなのだ。VRリフォームイメージの活用などによる販売戦略はその一つだと言える。

図表　購入物件のリフォーム / リノベーションの有無

▶中古一戸建て・中古マンションともに、リフォームしていない物件は6割が、購入後にリフォーム/リノベーションをしている。

▶リフォームしてある物件でも中古一戸建て住宅は56.0%、中古マンションは44.7%が、購入後にリフォーム/リノベーションをしている。

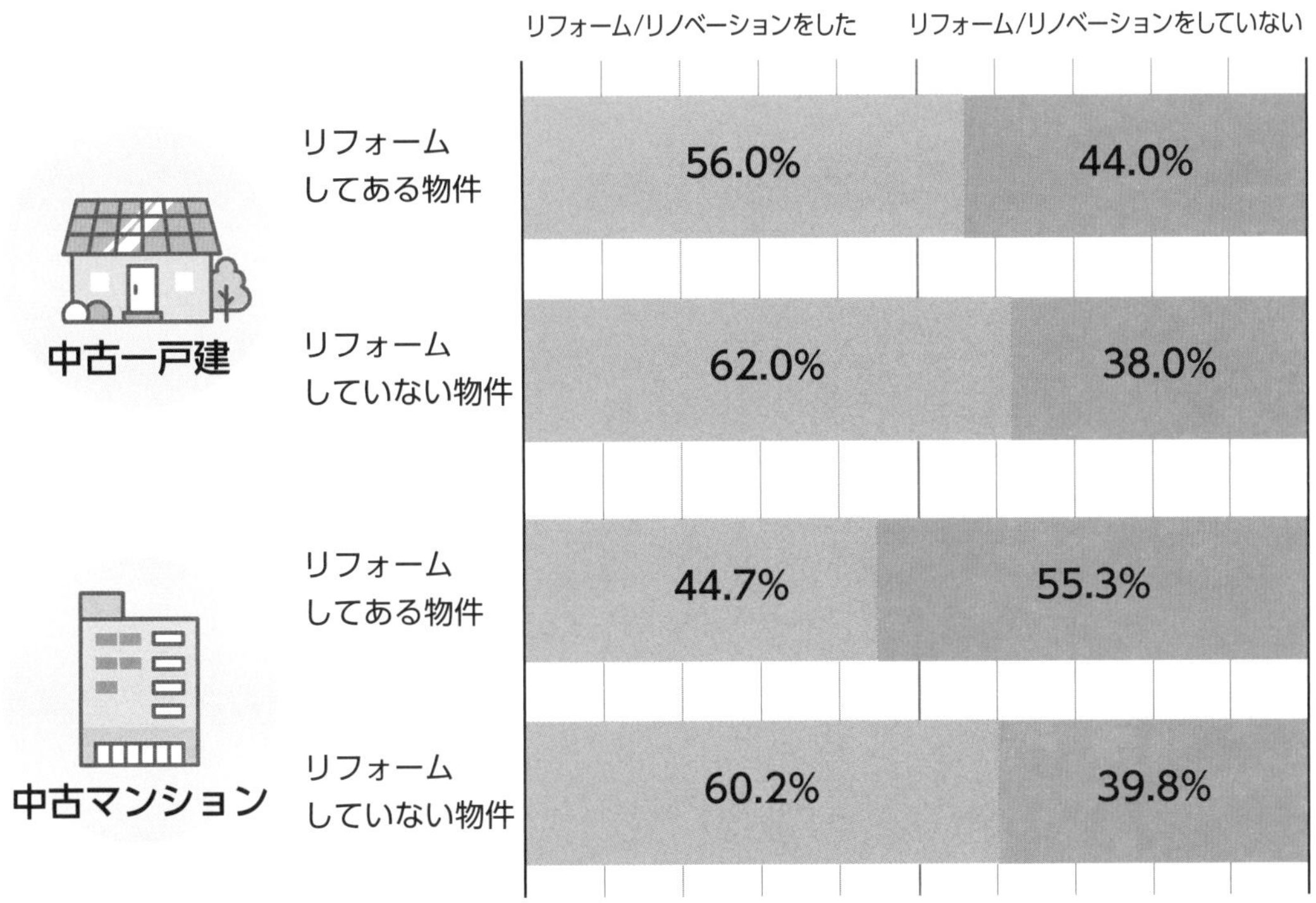

(注) 2018～2020年の間に住宅を購入・建築（新築）した人を対象にした調査。購入・取得時もしくはその後、現在までにリフォーム / リノベーションを行ったかどうかを聞いたもの。棚板設置、壁紙交換など簡易的なリフォームも含めた。複数回、購入したことがある人は直近の物件についての回答。
出典：一般社団法人不動産流通経営協会　令和3年「中古住宅購入における住宅ローン利用等実態調査」

VRによるリフォームイメージのビフォアー（前）とアフター（後）

実際の部屋

リフォーム後イメージ

売るだけじゃない マンション処分の選択肢

中古マンションの処分について不動産会社に相談すると、どうしても売却する方向に進みがちである。しかしそこは一度立ち止まり、本当に売却という選択が正しいのかどうかを考えてみることも大事だ。ここでは、家を売らないという選択肢について具体的な3つの方法について解説しよう。

①賃貸に出す

昨今ではサラリーマンの不動産投資が注目されている。利用するあてのない物件を持っているなら、賃貸に出して家賃収入を得たいと考える人は多いだろう。

賃貸需要があるかどうかは、エリアによっても異なる。また、貸す場合にはどれくらいの期間を想定するかも重要だ。なぜなら、普通の賃貸借契約にしてしまうとオーナー側から簡単には破棄できないためだ。その場合には定期借家契約という方法があり、期間を限定することも可能である（**図表**）。

②老後の年金代わりにする

本人死亡時に一括返済

「リバースモーゲージ」を使い、所有する物件を年金代わりにする方法もある。

リバースモーゲージとは、55歳や60歳など一定年齢以上の人を対象にした融資商品だ。自分の土地・建物を担保に入れることで、銀行が定める範囲でお金を借りることができる。月々の返済は利息のみとなる。特徴的なのは返済方法で、借りたお金は契約者が死亡した時に一括返済するか自宅の売却かのどちらかを選べる方法である。

つまり、生きている間は物件を手放すことなく、借りたお金でゆとりある生活を送り、自分が死んだら精算する、というローン商品である。

ただし、現在のところこの商品は戸建てで多く利用されている。マンションの場合は融資額が少なくなる場合があるので、確認する必要がある。

③子に引き継ぐ

親がリフォームして子に託す

いずれ子供が住むために引き継ぐというのも選択肢のひとつだ。

自分たちが使ってきた中古マンションを子供に譲り渡して、メンテナンスをしながら引き続き使ってもらう。これは国の住宅政策も目指す美しい姿と言える。

もしも現金をそのまま相続させると相続税が高くつくが、親のお金で家のリフォームをすませて、その家を相続させれば、相続税を抑えながら価値の高い家を残してあげられることになる。

当たり前だが、親の考え方と子の考え方は違う。親が勝手に引き継がせたいと思っているだけで、子供は欲しくないと思っているかもしれない。

子供に引き継ぐことを考えている場合は、早い段階で一度子供と話し合ってみることをお勧めする。

ただし、例えば①の賃貸については賃貸を扱っている不動産会社になるし、②リバースモーゲージなどは金融機関などが取り扱っている。また③の場合には相談する具体的な相手に悩むことだろう。それぞれ相談相手の立場によって導かれる結果も違うという不安も生じる。

不動産コンサルティングマスターに相談する手もある

社会経済環境の変化に伴い、不動産に関するニーズは多種多様化しており、不動産の証券化の進展など不動産をめぐる制度も大きく変化している。このため、不動産の有効活用や投資・相続対策等について、高い専門知識と豊富な経験に基づく不動産コンサルティング能力の必要性が高まっている。

その場合には、「公認 不動産コンサルティングマスター（＊１）」という資格者がいるので、こういう人たちに相談する方法がある。調べてみると良いだろう。

この資格は、不動産コンサルティング技能試験・登録制度と言うもので、（公財）不動産流通推進センターが国土交通大臣の登録を受けて実施する登録証明事業である。不動産コンサルティングを行うために必要な知識及び能力に関する試験を行い、試験に合格し不動産等に関する一定年数以上の実務経験を有する等の要件（※2）を満たして登録した人を「公認 不動産コンサルティングマスター」として当該センターが認定し、より、一定水準の知識及び能力を有していることを証明するものとなっている。

不動産の有効活用などの心配事は公認　不動産コンサルティングマスターに相談してみましょう！

図表　定期借家契約と普通借家契約の違い

	定期借家契約	普通借家契約
契約方法	1. 公正証書等による書面による契約に限る。 2. 「契約の更新がなく、期間の満了により終了する」ことを契約書とは別に、あらかじめ書面を借主に交付して説明しなければならない。	書面でも口頭でも成立する。
更新の有無	契約期間の満了により終了し、更新はされない。	正当な理由がない限り更新される。
１年未満の期間とする建物賃貸借の効力	一年未満の契約も有効。	期間の定めのない賃貸借とみなされる。
建物の賃貸借期間の上限	制限は無い。	2000年3月1日より前の契約は20年まで。以降の契約については制限は無い。
賃料の増減に関する特約の効力	賃料の増減は特約の定めに従う。	特約にかかわらず、当事者は賃料の増減を請求できる。
借主からの途中解約の可否	1. 床面積200㎡未満の居住用の建物については、借家人が転勤、療養、親族の介護等のやむを得ない事情で、建物を生活の本拠として使用することが困難となった場合には、借家人の方から中途解約の申入れをすることが可能（申入れの日後1ヵ月の経過により賃貸契約終了）。 2. 上記以外の場合には契約途中に関する特約があればその定めに従う。	途中解約に関する特約があれば、その定めに従う。

＊2　https://www.retpc.jp/consul-exam/about.html　＊1　https://www.retpc-consul.jp/sch/SearchInput.do

マンション売却失敗事例

査定価格と実際に売れる金額との違い

96Pで解説したように、不動産会社から提示される査定金額は、あくまでも「売りに出す金額」であり、「売れる金額」ではない。実は、ここに失敗の一番の理由が隠れている。当然ながら売却する人は、少しでも高く売りたいと考える。そこで複数社に査定を依頼した場合に、一番高く査定してくれる会社にお願いしたくなるものだ。不動産会社も依頼を受けなければ何も始まらないため、まずは依頼を受ける（媒介契約）ために、高い査定金額を出す傾向がある。

高額査定に頼り過ぎた失敗事例

取り上げる最初の事例は、私の会社及び他にもう1社査定を依頼されたお客様の事例である。

私の書籍をご覧いただき、私が運営している会社に査定依頼があった。神奈川県横浜市の物件で私の査定金額は6000万円ほど。しかし、もう1社の査定金額が7500万円だという。信頼はいただいているようだったが、あまりに金額の差があるので、結果的に当社に依頼いただけるものの、金額は7000万円にしてほしいと言われた。

私は、かなり難しいとお伝えしつつも一旦引き受けた。しかし、残念ながら成約どころか内覧の予約も入らず、2カ月ほど経過したところで、価格を下げるよう相談させていただいたが、どうしても最初に高い査定をしてきたもう1社のことが気になるようだったので、お断りさせていただくことにした。

そこから、数週間後に7500万円ほどで別の会社から売りに出されたが、3カ月経過しても売れなかったようだ。

私も別の仕事があるので、その後、細かくはチェックしていなかった。さらに半年ほど経過したころ、インターネット上から物件情報が消えており、「成約できたのかな?」とすぐに調べた。不動産業界では業者同士のオンラインネットワーク（レインズ）があるので、成約金額などもわかることがある。すると、この物件は成約になっていたものの、成約金額は5600万円だった。

その依頼者がどのような考えで成約したかは分からないが、査定金額には根拠が必要であり、その金額で売るための「販売戦略」が重要になる。売れる確約のない無根拠な高額査定には気をつけなければならない。

ボロボロの内装 売りづらそうの不安につけこむ業者間の出来レース

次の事例は、売却する人の知らない間で、不動産会社同士で出来レースになっていたケースである。

都内23区内の物件で、しばらく賃貸に出していたものの退去したタイミングに合わせて売却を決めたものだった。賃借人は10年以上住んでいたそうで、退去した部屋の状況はボロボロだった。売ることを決めた所有者は当然お金をかけて内装を綺麗にする必要はないと考え、買った人がリフォームするだろうとそのままで売りに出した。

依頼を受けた不動産会社の査定金額は3000万円。しかし、不動産会社の担当者は直感的にこう考えたようだ。「この汚い内装を見て、買いたいと思う人はいないだろう。そのうち値段を下げさせて、不動産会社に買取り（下取り）させた方がいいな」

その後その担当者は、すぐに

数社の買取り業者に相談した。買取会社ごとに多少の差はあるものの、買取り希望額は概ね2000万円〜2200万円である。裏側ではこうして既に買取り業者との値踏みが行われていることを知らない所有者は、ただ不動産会社、担当者を信頼して待つのみだ。

1カ月ほどして売出し依頼者が受けた報告は「何件か内覧にはきていますが、いかんせん内装が汚すぎて気に入ってもらえません。リフォーム費用も高額になるので、少し値下げしませんか？」というものだった。

こうして、少しずつ値下げ始めた頃を見計らって、「もう少し下げれば買い取ってくれる会社がありますよ」。その担当者からこう切り出され、結果的に2200万円で売却となった。その差は800万円だ。

後日談だが、その物件は不動産会社に買い取られ、綺麗にリフォームされたのち3600万円で売りに出され、すぐに売れたようである。

「内装が汚れて売りづらそう」という売主の不安に付け込み、本章98Pで紹介したようなリフォームイメージの提供などの工夫もせずに、最初からストーリーができていたという残念な事例だ。少しでも高く売るための「販売戦略」も行わずに、うまくまとめてしまうという事例も、まだ数多く起きているのが実態である。

査定は7,500万円
だったんだから、
安くは売れないよ！

この物件の
最終的な成約金額は
5,600万円でした！

●著者プロフィール

日下部 理絵（くさかべ・りえ）
マンションメントレンド評論家、住宅ジャーナリスト。

第１回マンション管理士・管理業務主任者試験に合格。新築などマンショントレンドのほか、数多くの実務経験、調査から既存（中古）マンションの実態に精通する。

ヤフーニュースへの住宅記事掲載は 500 回以上。「現代ビジネス」「東洋経済オンライン」「マネ-ポストWEB」などで連載を持つ。テレビ・ラジオなどのメディア、講演会・セミナーでも活躍中。

著書に『マイホームは価値ある中古マンションを買いなさい！』（ダイヤモンド社）、『60 歳からのマンション学』（講談社＋α新書）、『「負動産」マンションを「富動産」に変えるプロ技』（小学館）など多数。

【担当】第１章、第３章

高橋 正典（たかはし・まさのり）
不動産コンサルタント。

デベロッパーおよび住宅販売会社の役員を経て、2008 年「住宅価値創造企業」価値住宅株式会社を設立し代表取締役就任。一つひとつの中古住宅（建物）を正しく評価し、流通させる不動産売却全国ネットワーク「売却の窓口®」や、中古住宅＋リノベーションサイト「さがつく®」の運営も行う。不動産流通の現場を最も知る不動産コンサルタントとして、各種メディア・媒体等においての寄稿やコラム等多数。

著書に『決定版プロだけが知っている！中古住宅の買い方と売り方』（朝日新聞出版）、『マイホームは中古の戸建てを買いなさい！』（ダイヤモンド社）など多数。

【担当】第２章、第６章、第７章

畑中　学（はたなか・おさむ）
不動産コンサルタント。武蔵野不動産相談室株式会社代表取締役。

年間 300 件前後の不動産の相談を受け、売買サポートは累計 800 組以上。資産価値をベースとした不動産への取り組みは NHK 総合テレビ「おはよう日本」や読売新聞などで紹介された。他にも不動産に関わる相続や債務問題の解決を得意とし、解決率は 96%。

著書に８万部超のロングセラーとなった『〈２時間で丸わかり〉不動産の基本を学ぶ』、『家を売る人買う人の手続きが分かる本』（共にかんき出版）、『図解即戦力　不動産業界しくみとビジネスがしっかりわかる教科書』（技術評論社）など多数。

【担当】第４章、第５章

絶対に失敗しない！中古マンションの見極め方

2023 年 11 月 20 日　初版第１刷発行

発行人　延對寺哲
編　集　『暮らしとおかね』編集部
編集長　近藤樹子
ゼネラル・プロデューサー　馬場隆
プロデューサー　関口誠一、中河直人
イラスト　今野紺、鈴木勇介
デザイン・DTP　株式会社 麒麟三隻館・花本浩一、永山浩司、鈴木千洋

発行所　株式会社ビジネス教育出版社
〒 102-0074　東京都千代田区九段南 4-7-13
TEL：03-3221-5361㈹　FAX：03-3222-7878
E-mail：info@bks.co.jp　URL：https://www.bks.co.jp

落丁・乱丁はお取替えします。
ISBN978-4-8283-0991-0
C0036
印刷・製本　萩原印刷株式会社